国家出版基金项目
NATIONAL PUBLICATION FOUNDATION

● 生态文明法律制度建设研究丛书

监管与自治：
乡村振兴视域下农村环保监管模式法治构建

JIANGUAN YU ZIZHI
XIANGCUN ZHENXING SHIYU XIA NONGCUN HUANBAO
JIANGUAN MOSHI FAZHI GOUJIAN

关 慧 ● 著

重庆大学出版社

图书在版编目（CIP）数据

监管与自治：乡村振兴视域下农村环保监管模式法
治构建 / 关慧著. -- 重庆：重庆大学出版社，2023.4
（生态文明法律制度建设研究丛书）
ISBN 978-7-5689-3801-3

Ⅰ.①监…　Ⅱ.①关…　Ⅲ.①农业环境—环境保护法
—中国　Ⅳ.①D922.68

中国国家版本馆CIP数据核字（2023）第068023号

监管与自治：
乡村振兴视域下农村环保监管模式法治构建
关慧 著

策划编辑：孙英姿　张慧梓　许璐
责任编辑：夏　宇　　版式设计：许　璐
责任校对：关德强　　责任印制：张　策

*

重庆大学出版社出版发行
出版人：饶帮华
社址：重庆市沙坪坝区大学城西路21号
邮编：401331
电话：（023）88617190　88617185（中小学）
传真：（023）88617186　88617166
网址：http://www.cqup.com.cn
邮箱：fxk@cqup.com.cn（营销中心）
全国新华书店经销
重庆升光电力印务有限公司印刷

*

开本：720mm×960mm　1/16　印张：13.75　字数：187千
2023年4月第1版　　2023年4月第1次印刷
ISBN 978-7-5689-3801-3　定价：78.00元

丛书编委会

主　任：黄锡生

副主任：史玉成　　施志源　　落志筠

委　员（按姓氏拼音排序）：

邓　禾　　邓可祝　　龚　微　　关　慧

韩英夫　　何　江　　卢　锟　　任洪涛

宋志琼　　谢　玲　　叶　轶　　曾彩琳

张天泽　　张真源　　周海华

作者简介

关慧，女，1981年生，重庆忠县人，环境与资源保护法学博士，重庆大学党委办公室、校长办公室副主任。参与多项国家社会科学基金项目，司法部、教育部纵向课题以及重庆市决策咨询研究课题，长期关注农村环境问题和农民作为环境弱势群体的权益保护问题，发表《三峡库区水环境安全保护法律问题研究》《试论对环境弱势群体的生态补偿》《生态本位视域下的社会危害性理论》《农民自治型环保监管模式的法律建构》等多篇期刊论文。

总　序

　　"生态兴则文明兴，生态衰则文明衰。"良好的生态环境是人类生存和发展的基础。《联合国人类环境会议宣言》中写道："环境给予人以维持生存的东西，并给他提供了在智力、道德、社会和精神等方面获得发展的机会。"一部人类文明的发展史，就是一部人与自然的关系史。细数人类历史上的四大古文明，无一不发源于水量丰沛、沃野千里、生态良好的地区。生态可载文明之舟，亦可覆舟。随着发源地环境的恶化，几大古文明几近消失。恩格斯在《自然辩证法》中曾有描述："美索不达米亚、希腊、小亚细亚以及其他各地的居民，为了得到耕地，毁灭了森林，但是他们做梦也想不到，这些地方今天竟因此成了不毛之地。"过度放牧、过度伐木、过度垦荒和盲目灌溉等，让植被锐减、洪水泛滥、河渠淤塞、气候失调、土地沙化……生态惨遭破坏，它所支持的生活和生产也难以为继，并最终导致文明的衰落或中心的转移。

　　作为唯一从未间断传承下来的古文明，中华文明始终关心人与自然的关系。早在 5 000 多年前，伟大的中华民族就已经进入了农耕文明时代。长期的农耕文化所形成的天人合一、相生相克、阴阳五行等观念包含着丰富的生态文明思想。儒家形成了以仁爱为核心的人与自然和谐发展的思想体系，主要表现为和谐共生的顺应生态思想、仁民爱物的保护生态思想、取物有节的尊重生态思想。道家以"道法自然"的生态观为核心，强调万物平等的公平观和自然无为的行为观，认为道是世间万物的本源，人也由道产生，是自然的组成部分。墨家在长期的发展中形成"兼相爱，交相利""天志""爱无差等"的生态思想，对当代我们共同努力探寻的环境危机解决方案具有较高的实用价值。正是古贤的智慧，让中华民族形成了"敬畏自然、行有所止"的自然观，使中华民族能够生生不息、繁荣壮大。

中华人民共和国成立以来，党中央历代领导集体从我国的实际国情出发，深刻把握人类社会发展规律，持续关注人与自然关系，着眼于不同历史时期社会主要矛盾的发展变化，总结我国发展实践，从提出"对自然不能只讲索取不讲投入、只讲利用不讲建设"到认识到"人与自然和谐相处"，从"协调发展"到"可持续发展"，从"科学发展观"到"新发展理念"和坚持"绿色发展"，都表明我国环境保护和生态文明建设作为一种执政理念和实践形态，贯穿于中国共产党带领全国各族人民实现全面建成小康社会的奋斗目标过程中，贯穿于实现中华民族伟大复兴的中国梦的历史愿景中。党的十八大以来，以习近平同志为核心的党中央高度重视生态文明建设，把推进生态文明建设纳入国家发展大计，并提出美丽中国建设的目标。习近平总书记在党的十九大报告中，就生态文明建设提出新论断，坚持人与自然和谐共生成为新时代坚持和发展中国特色社会主义基本方略的重要组成部分，并专门用一部分内容论述"加快生态文明体制改革，建设美丽中国"。习近平总书记就生态文明建设提出的一系列新理念新思想新战略，深刻回答了为什么建设生态文明、建设什么样的生态文明、怎样建设生态文明等重大问题，形成了系统完整的生态文明思想，成为习近平新时代中国特色社会主义思想的重要组成部分。

生态文明是在传统的发展模式出现了严重弊病之后，为寻求与自然和谐相处、适应生态平衡的客观要求，在物质、精神、行为、观念与制度等诸多方面以及人与人、人与自然良性互动关系上所取得进步的价值尺度以及相应的价值指引。生态文明以可持续发展原则为指导，树立人与自然的平等观，把发展和生态保护紧密结合起来，在发展的基础上改善生态环境。因此，生态文明的本质就是要重新梳理人与自然的关系，实现人类社会的可持续发展。它既是对中华优秀传统文化的继承和发扬，也为未来人类社会的发展指明了方向。

党的十八大以来，"生态文明建设"相继被写入《中国共产党章程》和《中华人民共和国宪法》，这标志着生态文明建设在新时代的背景下日益规范化、制度化和法治化。党的十八大提出，大力推进生态文明建设，把生态文明建设放在突出地位，融入经济建设、政治建设、文化建设、社会建设各方面和全过程，努力建设美丽中国，实现中华民族永续发展。党的十八届三中全会提出，必须建立系统完整的"生态文明制度体系"，用制度保护生态环境。党的十八届四中全会将生态文明建设置于"依法治国"的大背景下，进一步提出"用严格的法律制度保护生态环境"。可见，生态文明法律制度建设的脚步不断加快。为此，本人于2014年牵头成立了"生态文明法律制度建设研究"课题组，并成功中标2014年度国家社科基金重大项目，本套丛书即是该项目的研究成果。

本套丛书包含19本专著，即《生态文明法律制度建设研究》《监管与自治：乡村振兴视域下农村环保监管模式法治构建》《保护与利用：自然资源制度完善的进路》《管理与变革：生态文明视野下矿业用地法律制度研究》《保护与分配：新时代中国矿产资源法的重构与前瞻》《过程与管控：我国核能安全法律制度研究》《补偿与发展：生态补偿制度建设研究》《冲突与衡平：国际河流生态补偿制度的构建与中国应对》《激励与约束：环境空气质量生态补偿法律机制》《控制与救济：我国农业用地土壤污染防治制度建设》《多元与合作：环境规制创新研究》《协同与治理：区域环境治理法律制度研究》《互制与互动：民众参与环境风险管制的法治表达》

《指导与管控：国土空间规划制度价值意蕴》《矛盾与协调：中国环境监测预警制度研究》《协商与共识：环境行政决策的治理规则》《主导或参与：自然保护地社区协调发展之模式选择》《困境与突破：生态损害司法救济路径之完善》《疏离与统合：环境公益诉讼程序协调论》，主要从"生态文明法治建设研究总论""资源法制研究""环境法制研究""相关诉讼法制研究"四大板块，探讨了生态文明法律制度建设的相关议题。本套丛书的出版契合了当下生态文明建设的实践需求和理论供给，具有重要的时代意义，也希望本套丛书的出版能为我国法治理论创新和学术繁荣作出贡献。

2022 年 9 月 于山城重庆

前　言

　　作为生于城市、长于城市的"80后"，笔者在人生的前二十多年从未对"三农"问题有过思考和关注，当时的狭隘印象中，农村就是"脏、乱、差"的代名词。未曾想到在环境与资源保护法学这个广阔的领域里，最先触动自己的竟然是"城乡环境差"这个概念。北大环境研究中心将它定义为城乡之间的经济关系中长期被忽略了的环境因素，并指出"城乡环境差"是城市和农村之间继贫富差距、地位差距、知识差距之外的第四差距，其实质是城乡环境负担和环境利益的不公平分配，农村居民的环境利益被压制、剥夺，承担了不成比例的环境负担。

　　于是，笔者开始将视野投向农村这块不熟悉的地域和农民这个不熟悉的群体。农村在为城市装满"米袋子""菜篮子"时，出现了地力衰竭、生态退化、农业资源污染等各种环境污染破坏，首先影响到的就是生于斯、长于斯的农民。作为天生与大自然最亲密的人类群体，农民在长期实践中积累了养护自然资源的有效经验，本应是农村优美生态环境的守护者，却不得已成为环境问题的制造者和受害者。

　　在对农村环境问题的持续关注中，笔者逐渐认识到，农村环境问题有历史的、社会的、体制的原因，但缺乏行之有效的环保监管模式是一个重要的因素。而无论对哪一种现行环保监管模式的完善，都是政府或市场主导下的调整、改进，对于农民、农业、农村而言都是外源性的，无法推动农民的环境角色实现从消极到积极的回归。

丹尼尔·A.科尔曼在《生态政治——建设一个绿色社会》一书中主张，最贴近环境而生活的人最了解环境，有关的决策权和监护权应当掌握在他们手中。在一个对生态负责的世界秩序中，国家必须重新定位，以扶持那些能使直接基层民主在地区层面发挥作用的组织形式。

早在 2008 年，湖南省浏阳市葛家乡金塘村的"三新行动"（新农村、新环保、新生活）村民环保自治模式的探索创新就得到当时环境保护部的肯定和推广。这一草根式的环保监管模式从无到有、自下而上并在实践中蓬勃发展，使农村居民体会到前所未有的主人翁意识，迸发出前所未有的环境保护动力和热情，不失为一种内源性的农村环境保护方式。但由于理论研究不足、法律认可缺位，它并非严格意义上独立的环保监管模式。党的十九大报告提出，要健全自治、法治、德治相结合的乡村治理体系。习近平总书记指出，"农村现代化既包括'物'的现代化，也包括'人'的现代化，还包括乡村治理体系和治理能力的现代化"。"让农村成为安居乐业的家园。"农村居民在环境保护实践中孵化孕育的自治型环保监管模式，可否借此机遇焕发出新的活力？

系统建构农村环保监管模式，使之在农村广袤土地上扎根，调动农村居民参与环保监管的积极性，提高农村环保监管效率，对切实解决农村环境问题具有重大的现实意义。目前，学界对环保监管模式及相关问题的研究较少，且从事相关研究的学者主要是环境科学、环境管理学、行政管理学背景。本书从法学角度选择中国农村这一特定区域对环保监管模式展开研究，关注农村居民在实践中自发创造的、以村规民约为主要依据、以村民自治（村民环境自治）为主要手段、自主管理环境事务的环境治理方式，探索为农村自治型环保监管模式构建法学理论基础。

本书共五个章节。从现行环保监管模式于农村之不适应入手，抓住农民环境角色的错位这一容易被忽视的根本原因，通过与现行环保监管模式的比较，明晰农村自治型环保监管模式概念及特征，从社会权力论、软法治理说、社区治理论、利益说角度奠定理论基础。进而在实证分析中确立自治型环保监管模式在农村地区实施的政治、经济、文化基础，同时客观分析其局限性及实施需突破的现实障碍。最后结合自治、法治、德治相结合的乡村治理体系新思路，从自治主体权力（利）保障的视角进行自治型环保监管模式的制度构建，以期推动这一实践中孵化孕育的宝贵经验模式上升到理论层面，进而反哺农村环境保护实践。

对农村环境问题的法律研究始于兴趣，源于情怀，成于专注，贯穿了笔者的硕士和博士研究生学习生涯。《监管与自治：乡村振兴视域下农村环保监管模式法治构建》最终能够结集付梓，得益于黄锡生教授的指导与鞭策。他不仅引领我步入学科领域的大门，更在言传身教中让我习得了科学研究的方法和严谨治学的态度。特此致谢！

关婧

2023 年 2 月于重庆

目　录

第一章　研究的缘起

结　语

参考文献

第一章　研究的缘起

第一节　问题的提出及解决方向

一、对农业农村可持续发展的忧思

（一）可持续发展的挑战

"农，天下之大本。" 对于我国这样一个有着 14 亿人口的大国来说，农业基础地位任何时候都不能忽视和削弱。越是面对风险挑战，越要稳住农业，越要确保粮食和重要副食品的安全。然而，在我国农业农村经济取得巨大成就的同时，农业资源过度开发、农业投入品过量使用、地下水超采以及农业内外源污染相互叠加等带来的一系列问题日益凸显，农业可持续发展面临重大挑战。

1. 资源硬约束日益加剧，保障粮食等主要农产品供给的任务更加艰巨

人多地少水缺是我国基本国情。全国新增建设用地占用耕地年均约 480 万亩，被占用耕地的土壤耕作层资源浪费严重，占补平衡补充耕地质量不高，守住 18 亿亩耕地红线的压力越来越大。耕地质量下降，黑土层变薄、土壤酸化、耕作层变浅等问题凸显。农田灌溉水有效利用系数比发达国家平均水平低 0.2，华北地下水超采严重。我国粮食等主要农产品需求刚性增长，水土资源越绷越紧，确保国家粮食安全和主要农产品有效供给与资源约束的矛盾日益尖锐。

2. 环境污染问题突出，确保农产品质量安全的任务更加艰巨

工业"三废"和城市生活等外源污染向农业农村扩散，镉、汞、砷等重金属不断向农产品产地环境渗透，全国土壤主要污染物点位超标率为 16.1%。农业内源性污染严重，化肥、农药利用率不足 1/3，农膜回收率不足 2/3，畜禽粪污有效处理率不到 1/2，秸秆焚烧现象严重。海洋富营养化问题突出，赤潮、绿潮时有发生，渔业水域生态恶化。农村垃圾、污水处理严重不足。农业农村环境污染加重的态势，直接影响了农产品质量安全。

3. 生态系统退化明显，建设生态保育型农业的任务更加艰巨

2022 年，全国水土流失面积达 295 万平方千米，年均土壤侵蚀量 45 亿吨，沙化土地 173 万平方千米，石漠化面积 12 万平方千米。高强度、粗放式生产方式导致农田生态系统结构失衡、功能退化，农林、农牧复合生态系统亟待建立。草原超载过牧问题依然突出，草原生态总体恶化局面尚未根本扭转。湖泊、湿地面积萎缩，生态服务功能弱化。生物多样性受到严重威胁，濒危物种增多。生态系统退化，生态保育型农业发展面临诸多挑战。

4. 体制机制尚不健全，构建农业可持续发展制度体系的任务更加艰巨

水土等资源资产管理体制机制尚未建立，山水林田湖等缺乏统一保护和修复。农业资源市场化配置机制尚未建立，特别是反映水资源稀缺程度的价格机制没有形成。循环农业发展激励机制不完善，种养业发展不协调，农业废弃物资源化利用率较低。农业生态补偿机制尚不健全。农业污染责任主体不明确，监管机制缺失，污染成本过低。全面反映经济社会价值的农业资源定价机制、利益补偿机制和奖惩机制的缺失和不健全，制约了农业资源合理利用和生态环境保护。

（二）亟待改变的"城乡环境差"

"三农"问题是农业文明向工业文明过渡的必然产物。改革开放

以来，我国农业农村发展取得了巨大成就。但城乡二元结构问题仍然没有得到根本性的解决，城乡差距的问题依然较大。根据《中华人民共和国 2022 年国民经济和社会发展统计公报》，从城乡居民收入和消费情况看，2022 年我国城镇居民人均可支配收入中位数为 45 123 元，农村居民人均可支配收入中位数为 17 734 元，城乡居民收入差距达 2.54，城镇居民人均消费支出 30 391 元，农村居民人均消费支出 16 632 元，居民消费支出差距达 1.83 。从城乡基础设施和基本公共服务看，农村基础设施建设滞后城市，农村的医疗、教育、文化、养老等社会保障等公共产品供给不足，农村公共服务水平也不高，农民共享现代社会发展的成果不充分，等等。除此以外，在城乡之间的经济关系中还存在长期被忽略的环境因素。北大环境研究中心 2003 年在完成国家环保局委托的"中国农村环境政策"研究中被称为"城乡环境差"。

具体而言，从环境负担分配方面来看，一方面，城市经济的增长很大程度上依赖于自然资源的消耗，例如开发矿产资源为工业提供原材料，耗竭地力和其他资源种养、提供城市居民所需的初级农产品。通过这些开发及种植活动，自然资源（农产品从自然环境中获取的营养物质）从农村转移到城市，在带动城市经济增长的同时也造成了农村的生态破坏和地力耗竭，而这一成本却由农村居民承担。为了保证粮食产量的稳定增长，农村居民大量施用化肥对农村土壤营养元素的转移进行补偿，围湖造田、毁林开荒、坡地开垦扩大耕地面积，造成了农村环境污染和水土流失。不仅如此，还有大量的污染物直接以废弃物的形式从城市转移到农村，最为典型的就是城市生活垃圾和生产垃圾向农村的人为转移。高污染产业由城市向农村的转移也造成了严重的农村环境问题。越来越多的重污染企业通过联营、委托加工、技术转让等方式将污染转嫁给农村。农村成为城市污染的"后花园"，农村居民成为农村环境问题的直接受害者。另一方面，广大农村居民

（农村地区）也为发达地区的生态安全做出了牺牲。尤其是在不少生态脆弱、贫困而对外部有重要生态影响的"三合一地区"[1]，农村居民的发展权、环境资源利用权受到了很大限制，以至于面临更严重的生存问题乃至生存危机。因此，在现代化的进程中，农村地区承担了城市发展的大部分环境成本。

从环境利益分配方面来看，长期以来，我国"环境无价、资源低价、商品高价"扭曲的价格体系，致使环境利益及其相关的经济利益在保护者、破坏者、受益者之间无法得到公平分配。广大农民保护环境所产生的积极效应由于环境的公共性由包括城市居民在内的全体公民免费享有，而相关制度的不完善使得农民根本得不到相应的环境保护成本的补偿和经济利益的回报。以水土保持为例，一些江河的中上游地区往往是贫困山区，而这些地区也是水土保持的关键地带，那里的植被对下游的水生态平衡乃至安全有着重大影响，停止伐木、保护天然林的任务便落到了当地农村居民的身上，为此他们增加了生产生活成本，加大了环境保护投入。在现行的制度下，淳朴善良的农村居民为环境发展做出了巨大贡献，在环境保护带来的环境利益和经济利益分享时则被边缘化了，这些环境功臣们无法分享在其环境友好行为推动下产生的城市社会生态文明和经济发展成果。作为对个人的私的利益精于计算的理性人、经济人，农村居民环境保护的积极性自然被挫伤。与此同时，农村居民环保参与的主动性和深入性受到自身经济条件、知识水平、环境意识的直接限制。加之农村居民环境知情权缺失、农村居民参与环境保护范围受限、缺乏程序保障和激励机制等障碍的影响，农村居民始终难以直接投身环境保护工作。如《中华人民共和国环境影响评价法》（以下简称《环境影响评价法》）、《环境影响评价公众参与办法》，对公众参与规划和建设项目环境影响评价的范围、

1　中国社会科学院环境与发展研究中心 . 中国环境与发展评论：第 2 卷［M］. 北京： 社会科学文献出版社，2004：12.

程序、方式和公众意见的法律地位做出了明确规定，使公众的意见成为环境影响报告书不可缺少的组成部分。但是，目前环境影响评价信息公开方式仍以网络公开为主。而即便是农村地区的互联网普及率稳步上升，截至 2017 年 12 月也仅为 35.4%。许多农村地区偏远落后，群众还不能够或不熟悉从这些途径获得信息。而且环境影响评价信息公示十分简单，一些专业术语晦涩难懂，农村居民就算看了也不能完全理解。《环境信息公开办法（试行）》规定了环保部门遵循公正、公平、便民、客观的原则，及时、准确地公开政府环境信息的义务，然而由于人力不足、办公经费有限、监测设备手段落后、办公自动化滞后等各种原因，农村基层环保部门环境信息公开的条件尚不充分完备，环境信息公开在农村受到了很大限制。

由此可见，城乡环境差已成为城市和农村之间继贫富差距、地位差距、知识差距之外的第四差距，其实质是城乡环境负担和环境利益的不公平分配，农村居民的环境利益被压制、剥夺，承担了不成比例的环境负担。

可持续发展的要义之一就是满足一个地区的人群需求又不损害别的地区人群满足其需求的能力。在这里，可以具体化为满足城市地区的人群需求又不损害农村地区人群满足其需求的能力。可持续发展以改善所有人的生活质量为目标，部分人的生活质量的改善、社会两极分化的发展不是真正的发展。凭借技术和资金优势，耗竭农村资源、破坏农村生态环境，牺牲农村地区环境以换取经济效益，以农村居民的生存条件为代价促进城市发展，显然不是真正意义上的可持续发展。"任何时候都不能忽视农业、不能忘记农民、不能淡漠农村；中国要强，农业必须强；中国要美，农村必须美；中国要富，农民必须富。""环保不光属于城市，不能嫁祸于乡村，务必及早治理。""绿水青山就是金山银山。"党的十八大以来，习近平总书记对建设生态文明和加强环境保护提出的一系列新理念新思想新战略，为加强农村环境保护工作指明了方向，提供了基本遵循和理论指导。

二、"金塘模式"的启发

农村环境是指以农村居民居住、农业生产为特征的一定地域范围内的自然及社会条件的总和，包括农业环境、农居环境和农业生态环境。随着社会经济的进步，可持续发展理念的逐步深入人心，我国的环境形势总体上得到了很大改善。但是农村环境污染和生态破坏随着农村社会经济的迅速发展日益严重，环境状况堪忧，环境治理滞后。点源污染与面源污染并存，生活污染和工业污染叠加，工业及城市污染向农村转移，危及农村饮水安全和农产品安全。

农村环境问题有历史的、社会的、体制的原因，缺乏行之有效的环保监管模式是一个重要的因素。经济社会发展的历史客观造成了我国城乡二元结构的现实，城市和农村环境问题也呈现出不同的侧重。而事实上，因为各方面原因，我国的环保监管模式立足于城市设计，却同等适用于城市和农村，偏离农村实际。由于忽视农村居民意愿，轻视农村居民力量，因而在实践中遇到许多障碍。例如污染监测制度只是针对城市而言的，没有关于农村的检测标准，更没有规定在农村如何执行。这就为强制型环保监管模式的推行带来了困难。又如由于农村化肥农药、地膜主要是通过破坏土壤和地下水造成面源污染，与城市的点源污染不同，很难查出破坏者及其破坏程度，"谁破坏谁补偿"的政策不便在农村施行，经济型环保监管模式在农村取得的效果也十分有限。这导致农村环保监管成为我国环保工作中的"冷点、盲点、难点、重点"，农村环境问题日益严峻。

尽管现行的环保监管模式由于偏离农村实际、忽视农村居民意愿在实践中遇到了许多障碍，但是其在农村环境保护中发挥的客观积极作用不容置疑。新时期国家将治理农村环境污染、改善农村生态环境提到了一个新的高度，如何立足农村实际完善现行环保监管模式得到越来越多的关注。然而，无论是哪一种现行环保监管模式的完善，对于农民、农业、农村而言都是外源性的，都是在政府主导或市场主导之下，考虑农村环保需要，发挥农村环保作用的基础上对现有环保监管模式的调整、改进，其实际效果、作用大小有待实践的检验。即便是通过对现行环保监管模式的完善，农村居民从环境问题的旁观者转变为环境保护的参与者和监督者，积极配合政府开展监管，为各类环保监管模式在农村的实施提供便利，但是其作为环境保护主体的作用发挥仍不充分。环境保护仍主要是政府的事，农村居民的参与程度不高，其创造性和积极性仍未得到充分调动。究竟怎样的环保监管模式才能够在我国农村的环境保护事业中充分发挥作用？此时，我国农民再次用实践创造给出了回答。

湖南省浏阳市葛家乡金塘村是传统的养殖大村。近年来，养殖业的迅猛发展虽然给金塘村村民创造了丰厚的经济收益，但畜禽粪便的不当处理加剧了环境的污染，造成污水横流、猪粪围村。养殖污染成为制约经济可持续发展、影响村民健康的突出问题。在建设社会主义新农村的大背景下，从2007年起，金塘村把"民主选举、民主决策、民主管理、民主监督"的精神"移植"到农村环境管理的实践中，以《金塘村环境保护村规民约》为依据、以农民环保学校为载体、以环保促进会为基础、以环保资质听证会为平台，充分发挥农村居民的主体作用，摸索出农村环保自治模式。首先，通过村民代表大会讨论制定了《金塘村环境保护村规民约》。该村规民约共十九条，对环保宣传、牲畜防疫、环境美化等作出了规定。如规定全村所有风景林和屋前屋后的林木严禁砍伐。又如规定中心村上风向500米，其他风向300米内区域以及饮用水源保护区为禁养区。禁养区外的已作其他规划的为限养区，此外为宜养区。第二，在完全尊重村民自主意愿的前提下，通过村民代表大会选举产生金塘村环保促进会，加强环保自治工作的统筹协调，全面宣传环保科技知识，督促环保规划落实，监督环保村规民约执行，调解环保民事纠纷。如某村民家的鸡死了，随手把死鸡扔到水渠里，这违反了村规民约第八条"严禁将死畜扔在塘坝河流稻田等地方，要一律火化或深埋"的规定。两小时后，便有村民向环保促进会举报。环保促进会马上派人到该村民家中，对他进行教育，并督促他将死鸡深埋处理。第三，实施环保自治听证制度。对村里涉及环境的重大问题或纠纷由环保促进会组织听证。环保村规民约规定，新建猪场必须经周围邻里签字同意，对邻里意见不统一的，交由环保促进会组织环保自治听证，请专家提出意见，要求养殖户作出治理承诺，邻里无记名投票表决。第四，明确规定村民个人的环保责任，实行门前三包和联户保洁。门前三包是指各家各户包门前村容整洁，包门前环境卫生，包门前责任区内的环保设施、设备和绿地整理等。联户保洁是指按户定责、分户值周、轮流负责生活垃圾的储运或填埋等。[1]第五，创办农民环保学校。采取知识讲座、主题讨论、播放电教片等方式进行宣传教育，逐步把环保自治理念引入村民的日常生活中，使广大村民在生产生活实践中自觉关注和重视环境保护。

经过一段时间的治理，金塘村的公共区域全部实现了绿化，村民在房前屋后建起了雨水收集池、生活污水处理池，主动修起了零排放生态养殖场，村庄环境得到显著改善；村民环境保护意识明显增强，全村 95% 以上的养殖户主动投资投劳治理污染，60% 的农户主动申请生态家居改造；农村居民收入有了大幅提升，2008 年，全村人均纯收入达到 6 780 元，增长 222%，实现了从养殖污染大村到生态环保新村的转变。金塘村的环保自治模式在 2008 年 7 月 24 日召开的中华人民共和国成立以来首次全国农村环保电视电话会议上得到了充分肯定。原环境保护部部长周生贤说："长沙农村环保村民自治模式很有特色。（金塘村的）'三新行动'（新农村、新环保、新生活）

---

1 雷玉琼，朱寅茸. 中国农村环境的自主治理路径研究：以湖南省浏阳市金塘村为例［J］. 学术论坛，2010，33（8）：130-133.

村民环保自治模式的探索创新，不是用钱堆起来的，而是通过环境引导、部门支持、各级帮助、村组为主建立起来的。在湖南长沙乃至我国中西部农村，具有广泛的适用性。"原环境保护部更是发文向全国推广"金塘模式"。金塘村的成功实践也引起环保专家的关注，纷纷到金塘村进行实地调研。

三、乡村振兴战略的新机遇

当前我国发展的不平衡、不充分，突出体现在农业和农村这个领域。新世纪以来，中央加大了对农村的扶持力度，从 2003 年开始连续 15 年的中央一号文件都聚焦于农业、农村、农民（即"三农"）问题，党的十七大和十八大也分别提出了城乡统筹和城乡一体化的发展思路，对推动农村发展、增加农民收入起到了重要的作用。但是从发展动力来看，政策重点侧重于城市，使用的政策手段是城市和工业对农村的反哺和扶持，把农村放在了城市的从属地位。十九大报告指出，农业农村农民问题是关系国计民生的根本性问题，必须始终把解决好"三农"问题作为全党工作的重中之重，实施乡村振兴战略。乡村振兴战略的提出，第一次把乡村放在了与城市平等的地位上，立足于乡村的产业、生态、文化等资源，通过发挥乡村的主动性来激发乡村发展活力，建立更加可持续的内生增长机制。这是一种思路的根本转变，确立了全新的城乡关系。中华人民共和国成立后，农业、农村、农民在工业化进程中为工业和城市的发展做出了巨大贡献。重提乡村振兴是对乡村地位和作用的充分肯定，也是用历史的眼光看待乡村的地位与作用。《中共中央　国务院关于实施乡村振兴战略的意见》明确要求，坚持农业农村优先发展，按照产业兴旺、生态宜居、乡风文明、治理有效、生活富裕的总要求，建立健全城乡融合发展体制机制和政策体系，统筹推进农村经济建设、政治建设、文化建设、社会建设、生态文明建设和党的建设，加快推进乡村治理体系和治理能力现代化，加快推进农业农村现代化，走中国特色社会主义乡村振兴道路，让农业成为有奔头的产业，让农民成为有吸引力的职业，让农村成为安居乐业的美丽家园。党的十九大提出实施乡村振兴战略，是以习近平同志为核心的党中央着眼党和国家事业全局，深刻把握现代化建设规律和城乡关系变化特征，顺应亿万农民对美好生活的向往，对"三农"工作做出的重大决策部署，是决胜全面建成小康社会、全面建设社会主义现代化国家的重大历史任务，是新时代做好"三农"工作的总抓手。在乡村振兴宏伟蓝图中，"产业兴旺、生态宜居、乡风文明、治理有效、生活富裕"这五个方面是相辅相成的有机整体。农业是生态产品的重要供给者，乡村是生态涵养的主体区，生态是乡村最大的发展优势。乡村振兴，生态宜居是关键。实施乡村振兴战略，统筹山水林田湖草系统治理，加快推行乡村绿色发展方式，加强农村人居环境整治，就是要构建人与自然和谐共生的乡村发展新格局，实现百姓富、生态美的统一，实现农村农业可持续发展。

第二节　国内外研究现状及研究意义

一、国内外研究现状

随着世界政治、经济的不断发展以及环境状况的不断恶化，环保监管受到世界各国的重视，环保监管模式呈现出多样化的发展态势。西方发达国家有关环保监管模式的理论和实践相对成熟，科学先进的环保监管模式大都在发达国家最初产生和推广。而国内学者更热衷于对环保监管体制的研究，环保监管模式仍是尚未展开深入、系统研究的领域。

环保监管模式虽已成为媒体报道中出现的高频词汇，但目前学术界尚没有统一的概念和分类标准，甚至有不少人把环保监管模式等同于环保监管体制。崔金星、余红成指出要结合环境保护实践，构建我国政府主导型的环境管理模式，并借鉴现代市场经济国家成熟环境管理经验，加强国际交流和沟通，制定我国环境管理国际化战略。赵勤认为，世界各国在政策、制度、措施的选择、设计过程中，明显受到当时的政治、经济、科学文化、道德水准等诸多因素的影响和制约。就我国而言，经历了从以行政管理为主到多种管理方式综合运用的变迁过程，尤其市场经济确立以后，在环境管理方式中越来越多地引入或准备引入基于刺激为目的的环境管理经济手段。进而对建立适合我国国情的行政命令机制与经济激励机制协调发展的环境管理模式进行了探讨。但是，以上研究均没有给出环保监管模式的具体定义。李长安、陈梅兰认为，如果在一种环境管理模式下，无论是宏观政策制定还是微观环境监督，各种具体政策措施，特别是各项环境管理制度，大部分是由政府部门直接操作，并作为一种行政行为通过政府体制进行实施，这种模式就是直管型环境管理模式。徐宗玲认为，合作式环境管理模式是为保护环境，防止公害发生，政府与企业基于双方合作，通过制定一系列环境保护的政策，促使企业基于其自身的自主性而主动采取措施保护环境、解决环境污染问题，实现企业的可持续发展的一种管理模式。他们虽然对环保监管模式的某种具体类型做出了定义，但是这种定义还远不够抽象和全面。

对于我国农村环境问题的特殊性和现行环保监管模式的局限性，许多学者都有清醒的认识。乌东峰在《论农村社区机制与农村生态环境保护》中指出，农村环境污染以面源污染和生活污染为主，而且污染源和污染主体分散零落，政府环保部门实施监管，既不现实也不经济。王国平也分析了政府强制型环保监管模式的局限性。但是，对其他类型环保监管模式适用于农村环境保护工作的局限性以及如何对其进行法律完善，国内学术界并没有展开充分的讨论。

在农村环保模式的构建方面，许多学者认为必须调动广大农村居民的积极性、主动性和能动性。赵俊臣在《森林、自然保护区与生物多样性的社区共管》一书对我国云南省多部门与地方参与山地生态系统生物多样性保护示范项目［简称 YUEP，由联合国全球环境基金（GEF）立项资助、联合国开发计划署（UNDP）执行的多边国际合作项目］自 2001 年 8 月启动以来，在澜沧江／湄公河流域的南涧县国家级无量山自然保护区，对试验并成功探索的以社区村民为主体的自然保护区管理模式进行了详细介绍。指出以当地村民为主体、以增加当地村民经济收益和改善社区生态环境为宗旨的共管活动与传统管理模式的根本区别，就在于理论指导思想上相不相信农村居民愿意管理、能够管理和可以管理。刘庆强等人也提出了提高村民环境意识和利用村民自主环境治理的建议。王国平认为，通过调动我国农村社区机制，调动群众的积极性参与环境保护，使环境保护成为群众共同行动和全社会的共同事业，是未来解决我国农村环境保护问题的重要选择。陈丽华在《论村民自治组织在保护农村生态环境中的权力》一文中指出，农村生态环境日益恶化的法制原因，主要在于我国环境保护法忽视了农村居民的力量，农村居民的环保积极性没有得到发挥，并对村民自治组织在保护农村生态环境中的法律地位和管理权力进行了分析。对自治型环保监管模式的可行性，陈丽华分析为，村民自治组织贴近现实，对问题的解决切合实际；村民自治组织可以综合调动各种社会资源投入环保治理，将村内所有单位和个人共同构建于环保建设整体网络，使村内每个成员和单位处于该网络的密切监督之下。赵俊臣的《社区村民管理自然资源的自治组织》一文从村民知道自然资源对人类的价值，因而是愿意管理的；村民懂得适合当地的自然资源管理技术和村民具有管护的有效办法三个方面分析了自治型环保监管模式的可行性。雷玉琼、朱寅茸基于公共池塘资源的自主治理理论，从环保自治制度的产生、执行以及维持三个方面深入分析了金塘村的环保自治过

程，提炼出了对重大事件的决议召开听证会、重视集体讨论的举行和
村代会的召开、重视对村庄精英发掘和培育等具有推广意义的经验。
但是，目前对农村自治型环保监管模式的研究主要停留在典型案例的
介绍、意义和可行性分析的阶段，尚未有人从理论基础、现实考量、
局限性方面对这一草根模式进行全面深入的分析，没有对农村自治型
环保监管模式进行有效的制度构建，不足以为这一新型环保监管模式
的确立和推广提供有力的理论支撑。

　　"监管不限于'命令—控制'，也不反对市场；监管不一定由政
府当局进行：可以采取私人秩序的形式，公共监管和自我监管之间没
有明显区别。"英国学者劳拉·麦格雷戈、托尼·普罗塞和夏洛特·维
利尔斯的这一观念得到了国外学者的广泛认可。所以，国外对环保监
管模式的研究，从一开始就没有受到"环保靠政府"的指导思想的束缚，
从理论到实践成果都颇为丰富。相关理论研究成果将在后文的环境管
理理念嬗变部分进行详述。对农村环保监管模式，国外学者也有所关
注。诺曼·厄普霍夫、米尔敦·J. 艾斯曼、安尼路德·克里舒那更是
在 Reasons for Success: Learning from Instructive Experiences in Rural
Development 一书中明确指出，政府、非政府和私营（以营利为目的）
机构在促进农村发展方面各自都存在局限性，这意味着在改善农村生
计和农村居民生活质量上，它们无法充当唯一的依靠。基础广泛的农
村发展其主要资源必须来自农村居民自身的干劲、观念和决心，来自
集体主义的自助和我们所称的"受援性自立"。[1] 路易·G. 白认为，
推进农村发展有成效、可持续必须以当地社团为着眼点。许多学者还
参与到不发达国家农村地区发展援助与合作项目之中，寻求建立以当
地社区居民为主体的行之有效的环保监管模式。

1　UPHOFF N T, ESMAN M J, KRISHNA A. Reasons for success: learning from instructive experiences in rural development [M]. West Hartford, Conn: Kumarian Press, 1998.

二、研究意义

当前，资源短缺与环境恶化已经成为国际社会范围内的发展障碍。面对资源约束趋紧、环境污染严重、生态系统退化的严峻形势，必须树立尊重自然、顺应自然、保护自然的生态文明理念，走可持续发展道路。党的十八大立足新世纪、新阶段，将生态文明建设提到与经济建设、政治建设、文化建设、社会建设并列的位置，把中国特色社会主义建设总体布局发展为"五位一体"。十九大报告将建设生态文明提升为"千年大计"，将"美丽"纳入国家现代化目标之中。改革生态环境监管体制、提高环境监管能力重要且紧迫。当今世界正经历百年未有之大变局，我国正处于实现中华民族伟大复兴的关键时期。越是面对风险挑战，越要稳住农业，越要确保粮食和重要副食品安全。

环境监管能力是指环保监管主体运用正确的理论和方法，根据环境问题自身的特点及发展规律，通过一系列正式或非正式的、内部或外部的制度和机制，动员和组织多种利益主体，科学地制定和实施环保监管政策，运用各种有效管理手段，协调经济社会发展同环境保护之间的关系，有效治理环境问题，实现可持续发展的本领。任何一个国家环境监管能力都不是与生俱来的，都是经过一个长期的过程，通过不断的努力，从无到有，由弱到强，在动态演进的过程中发展而来。我国的环境问题现状虽然总体上有所改善，但是环境形势依然十分严峻，环境保护监督管理的理念、制度、方法尚不能跟上时代发展的需求，效果不尽如人意。尤其是在农村地区，点源污染与面源污染共存，生活污染和工业污染叠加，各种新旧污染相互交织，工业及城市污染向农村转移，危及农村饮水安全和农产品安全，危害群众健康，一些农村环境问题已成为危害农村居民身体健康和财产安全的重要因素，制约了农村经济社会的可持续发展。长此以往，农村环境问题会引发农村居民的不满，诱发和加剧社会矛盾，动摇"三农"的基础，影响农村乃至全社会的稳定。而事实上，因为农村环境污染导致的农村居民与当地企业之间甚至与地方政府之间激烈冲突的事件已经屡见报端。农业和农村是连接人与自然的主要纽带，广大农村是淡水、耕地、林地、草原、生物资源的最大腹地，是承载人口的主要场所，是实现可持续发展的重要环境依托，农村环境问题如果得不到有效解决，势必造成人与自然关系的进一步紧张，甚至危及我们国家和中华民族的生存条件和根基，制约和妨碍整个社会发展的步伐。因此，尤其需要尽快加强环境监管能力建设，进一步完善监管制度，构建新的监管思维、监管模式，提高监管水平和效率，探索有效监管的途径。2008年4月国家发展改革委和财政部联合印发了《国家环境监管能力"十一五"建设规划》，要求贯彻落实国务院《关于落实科学发展观加强环境保护的决定》精神，全面加强环境监管能力建设。《国家环境保护"十二五"规划》提出要以基础、保障、人才等工程为重点，加强城乡和区域统筹，通过一般性转移支付和生态补偿等措施，加大对西部地区、禁止开发区域和限制开发区域、特殊困难地区的支持力度，推进环境监管基本公共服务均等化建设，提高农村环境保护工作水平。《中共中央国务院关于实施乡村振兴战略的意见》把加强农村突出环境问题综合治理作为重要任务，明确提出加强农村环境监管能力建设，落实县乡两级农村环境保护主体责任。2018年，生态环境部、农业农村部联合启动"农业农村污染治理攻坚战行动计划"，五项主要任务之一即是提升农业农村环境监管能力。

研究和探讨农村环境保护监督管理的有效途径，对于维护国家生态安全、粮食安全，推进农村生态文明建设，全面实现新农村建设和小康社会的发展目标具有重要意义。

　　在环境监管的具体实施中，监管手段是关键要素，是环境管理体制创新的重要因素，也是提升环境总体管理能力水平的重要基础。环境保护监督管理手段的固定化、系统化、制度化即为环保监管模式。本书研究的是为实现农村环境管理目标，环境管理主体针对客体所采取的必需的、行之有效的控制或调节方式。前文提到的产生并发展于金塘村环境治理实践的自治型环保监管模式是农村居民在实践中自发创造的，主要以环境友好型的村规民约约束、指导农村居民的环境行为的环境保护监督管理手段，是符合环保监管模式的演进规律的。虽然这种模式得到了广泛认可和推广，但是目前对自治型环保监管模式的理论研究不足、法律认可缺位，因此其并非严格意义上独立的环保监管模式，却对农村居民环境角色的转变和农村环境保护工作的推进具有十分重要的意义。因为无论是哪一种现行环保监管模式，对农民、农业、农村而言都是外源性的，都是在政府主导或市场主导之下对农村环境的保护和管理。而自治型这一草根式的环保监管模式从无到有、自下而上并在实践中蓬勃发展，使农村居民体会到前所未有的主人翁意识，迸发出前所未有的环境保护动力和热情，不失为一种内源性的农村环境保护方式。

　　十九大报告提出，要健全自治、法治、德治相结合的乡村治理体系。这不仅是实施乡村振兴战略的内在要求，也是实施乡村振兴战略的重要组成部分。十年前在金塘村孵化孕育的自治型环保监管模式，完全可以以此机遇焕发出新的活力并产生更大范围的辐射影响价值。对农村环保监管模式进行系统、全面、深入的完善和建构，使之能够在农村广袤土地上扎根、为广大农村居民所接受，提高农村环保监管效率、调动农村居民参与环保监管的积极性，对切实解决农村环境问题具有重大的现实意义。

第三节　研究思路及创新

一、研究方法

本书主要采取以下的研究方法：

1. 比较分析法

比较分析的贯穿是本课题研究的一大特点。课题通过对城市和农村环境问题的差异性比较，分析现行环保监管模式之于农村的不适应性。通过自治型环保监管模式与现行环保监管模式的比较，分析该模式的可行性和局限性。

2. 文献分析法

对现有相关领域的学科研究成果进行分析梳理，提炼出农村自治型环保监管模式的理论基础，成为制度构建的前提。

3. 实证分析法

农村自治型环保监管模式是一种自下而上的"草根模式"。湖南省浏阳市葛家乡金塘村的实践探索是其发展过程中的典型案例。各地农村综合条件不一样，自治型环保监管模式能否在全国农村地区推广并取得良好的效果需要进行客观分析。课题对金塘村自治型环保监管模式的具体实践进行深入分析，挖掘其政治、经济及文化基础，分析其建构障碍，证明了该模式的可行性。

4. 系统分析法

没有任何一个环保监管主体能够独立有效地解决复杂的环境问题。课题从系统分析的角度，认为农村环境问题的最终解决、农村自治型环保监管模式的有效实施需要构建村民、政府、市场相互协调与配合的多主体、多维度的运行保障。自治、法治、德治相结合，实施有效的环境监管。

二、基本框架及主要内容

本书共分为五个章节展开叙述：

第一章研究的缘起。主要介绍选题背景、研究意义，国内外研究现状、研究方法及论文的基本框架。

第二章环保监管模式的演进与实效考量。回顾环保监管理念嬗变与环保监管模式的演进路径，分析环保监管模式价值、确立原则及依据。对现行环保监管模式于农村之不适应的原因进行了深入剖析，重点关注农民环境角色的错位这一容易被忽视的根本原因。提出只有将农民从环境问题的制造者、旁观者转变为环境保护的责任者和监督者，实现环保资源充分发掘和培育的环保监管模式，才能在农村这片广袤的土地上扎根，发挥应有的作用，推动农村社会可持续发展。

第三章自治型环保监管模式初探。在分析自治、村民自治与农村环境自治，环保监管与环保监管模式等概念的基础上，论述了自治型环保监管模式的概念，在与现行环保监管模式的比较中剖析其特征。进而从社会权力论、软法治理说、社区治理论、利益说等理论角度，论述了农村自治型环保监管模式的理论依据，为进一步的研究奠定了理论基础。随后在对金塘村自治型环保监管模式的产生、执行、维持过程进行解构的基础上，分析了自治型环保监管模式在农村地区实施的政治、经济、文化基础，最后得出结论，自治型环保监管模式并非空中楼阁，"金塘模式"完全可以在我国广大农村地区复制、推广。

第四章自治型环保监管独立善治之可行性分析。自治型环保监管模式不是万能的，在外部原因引发农村环境问题、农村社区之间的环境资源矛盾的解决方面也有局限性，当前自治型环保监管模式的实施也存在需突破的现实障碍。自治、法治、德治相结合的乡村治理体系为自治型环保监管作用发挥提供了新的思路。

第五章自治型环保监管模式的制度构建。从自治主体权力（利）保障的视角进行自治型环保监管模式的制度构建。在划分政府与农村居民（农村环保自治组织）的事权范围的基础上，进一步明确了农村居民自我管理环境的权利和义务，对村民环境规章制定权、环境事务处理权、环境参与权、环境保护收益权和环境权益损害救济权等加以保障。从农村居民环境自治权的明确与实现的角度进行自治型环保监管模式的制度构建。

三、创新之处与不足

本课题的创新之处有二：一是研究角度的创新。目前学界对环保监管模式及相关问题的研究较少，且从事相关研究的学者主要是环境科学、环境管理学、行政管理学背景，而本书是从法学角度并且选择我国农村这一特定区域对环保监管模式展开研究，为农村自治型环保监管模式构建法学理论基础，这方面的研究目前还不多见。二是研究内容的创新。突破当前对农村自治型环保监管模式典型案例的介绍，从理论基础、现实考量、局限性等方面分析对自治型环保监管模式的必要性、可行性，在现行村民自治的制度体系的基础上进行自治型环保监管模式的制度构建，既与现行村民自治相关法律制度相吻合，突破自治型环保监管模式的建构障碍；又能有创新有发展，使之更具有可操作性。

不足在于，农村自治型环保监管模式研究是一个涉及多学科领域的课题，多学科交叉的理论难以全盘驾驭；实证分析仅限于金塘村自治型环保监管模式，对其他地区推行自治型环保监管模式的创新发展及实际效果资料获取不足；由于外语水平的障碍，以及中外农村社会的现实差异，对国外环境自治在农村的实践情况研究不足、借鉴不够充分，研究视野可能受到了一定的限制和影响。

第二章　环保监管模式的演进与实效考量

第一节　环保监管与环保监管模式

一、环保监管模式的概念

环境保护监督管理是指运用各种有效管理手段，调控人类行为，协调经济社会发展同环境保护之间的关系，限制人类损害环境质量的活动以维护区域正常的环境秩序和环境安全，实现区域社会可持续发展的行为总体，简称环保监管。随着世界政治、经济的不断发展以及环境状况的不断恶化，环保监管受到世界各国的重视，环保监管模式[1]也成为媒体报道中出现的高频词汇。但是，新闻界经常使用的"环保监管模式"一词与学术语言有很大差距，而且往往分类混乱，甚至把环保监管模式等同于环保监管体制。而对环保监管模式，目前学术界尚没有标准统一的概念。

王明远、马骧聪认为，从世界各国环境保护的实践经验来看，环境管理模式主要有直接控制、间接调控和自我调控三种类型[2]。崔金星、余红成指出要结合环境保护实践，构建我国政府主导型的环境管理模式，并借鉴现代市场经济国家成熟环境管理经验，加强国际交流和沟通，制定我国环境管理国际化战略[3]。赵勤认为，世界各国在政策、

1　也有学者称之为环境管理模式，这主要在于学者们的使用习惯不同，并非概念本身内涵的差异。本书采用环保监管模式的说法，既突出管理，也突出监督。
2　王明远，马骧聪.论我国可持续发展的环境管理模式［J］.能源工程，1999，19（4）：1-5.
3　崔金星，余红成.我国环境管理模式法律问题探讨［J］.云南环境科学，2004，23（B04）：41-45.

制度、措施的选择、设计过程中，明显受到当时的政治、经济、科学文化、道德水准等诸多因素的影响和制约。就我国而言，经历了从以行政管理为主到多种管理方式综合运用的变迁过程，尤其在市场经济确立以后，在环境管理方式中越来越多地引入或准备引入基于刺激为目的的环境管理经济手段，进而对建立适合我国国情的行政命令机制与经济激励机制协调发展的环境管理模式进行探讨[1]。但是，以上研究均没有给出环保监管模式的具体定义。

李长安、陈梅兰认为，如果在一种环境管理模式下，无论是宏观政策制定还是微观环境监督，各种具体政策措施，特别是各项环境管理制度，大部分是由政府部门直接操作，并作为一种行政行为通过政府体制进行实施，这种模式就是直管型环境管理模式[2]。徐宗玲认为，合作式环境管理模式是为保护环境，防止公害发生，政府与企业基于双方合作，通过制定一系列环境保护的政策，促使企业基于其自身的自主性而主动采取措施保护环境、解决环境污染问题，实现企业的可持续发展的一种管理模式[3]。他们虽然对环保监管模式的某种具体类型做出了定义，但是这种定义还远不够抽象和全面。

从词源考察上看，"监管"源自英文"regulation"，是指某主体为使某事物正常运转，基于规则，对其进行的控制或调节。长期以来，汉语中的"监管"乃行政监管之意，强调政府及其部门运用法律的、制度的、政策的手段，自上而下地单向性运用权力，并且主要用于与国家公共事务相关的管理活动和整治活动中。英国学者劳拉·麦格雷戈、托尼·普罗塞和夏洛特·维利尔斯认为，以往对监管的理解过于狭窄，"监管不限于'命令—控制'，也不反对市场，但是为形成和维护市场监管经常是必要的；监管不一定由政府当局进行：可以采取私人秩序的形式，公共监管和自我监管之间没有明显区别"[4]。20世

---

1 赵勤.我国环境管理模式的总体评价及前瞻［J］.中国环境管理（吉林），1998（5）：24-26.
2 李长安，陈梅兰.论环境管理模式转变［J］.浙江树人大学学报，2002，2（3）：82-84.
3 徐宗玲.合作式环境管理模式的架构［D］.青岛：山东科技大学，2007.
4 马英娟.监管的语义辨析［J］.法学杂志，2005，26（5）：111-114.

纪 70 年代以来，公共管理领域的变革也证明了这一点，人们从公共
参与等工具性的层面和政治文明的价值层面透视行政变革的影响，从
社会治理结构变革的角度探讨社会自治的兴起。与之对应的，环境法
制建设也由环境统治向环境治理转变，环境保护的公共职能由政府向
社会转移，环境管理公共权力主体由一元转变为多元，体现政府、市
场和社会三者力量的消长与回应。"模式"即 pattern 或 mode，《现
代汉语大词典》解释为某种事物的标准形式或使人可以照着做的标准
样式。从本质上讲就是解决某一类问题的方法、工具或手段，把解决
某类问题的方法总结归纳到理论高度，就是模式。因此，监管模式就
是主体为使某事物正常运转，对其进行的控制或调节的标准形式。而
所谓的环保监管模式有广义和狭义之分，广义是指一切监督管理环境
行为的标准形式，应包括环保监管体制模式和环保监管手段模式。环
保监管体制模式和环保监管手段模式是两个既有联系又有区别的概
念，环保监管体制模式是指环境管理系统的组织机构模式，而环保监
管手段模式是指环境管理系统的运行模式。环保监管手段模式受环保
监管体制模式的影响和制约，是特定的环境管理组织模式的反映。只
有明晰了这一关系，才不会简单地将环保监管体制与环保监管模式相
等同。狭义的环保监管模式仅指环保监管手段模式，即为实现环境管
理目标，环境管理主体针对客体所采取的必需的、行之有效的控制或
调节方式，是环保监管手段的固定化、系统化、制度化。本书研究的
即是狭义的环保监管模式。

二、环保监管理念嬗变与环保监管模式的演进

（一）"环保靠政府"与强制型环保监管模式

　　环境保护监督管理是在人们为环境问题付出了惨痛代价的背景下
才得到重视的。20 世纪后半期，抗议环境破坏、要求政府采取行动的

群众运动声势浩大，各国纷纷设立专职机构、制定环境标准、设立禁止性规范以调整大量出现的环境冲突。密执安大学的萨克斯教授提出的"环境公共财产权论"和"环境公共委托论"成为国家环境管理职能兴起的理论基础，解决了国家承担环境保护义务的权力来源问题。也有学者从市场机制缺陷的角度分析了国家环境管理权的产生。马歇尔和庇古的外部性理论认为，自由竞争的市场机制本身不能克服外部性带来的低效率，必须由政府进行适当干预。约翰·伊特韦尔等在《新帕尔格雷夫经济学大辞典》指出，庇古运用经济学原理来捍卫以下习惯法原则：造成某种损害的一方应受指责，或被要求赔偿损失。习惯法的这种规则通过社会成本内在化来促进经济效益。在有些情况下习惯法中存在着种种缺口，这就需要补充立法，诸如对污染者征收与污染的社会成本相等的税款。更有激进主义者如海尔布罗什认为，铁的政府，甚至是军事集团，对实现生态控制是绝对必要的。因而在环境政策的历史发展进程中，最早的指导思想是"环保靠政府"。各种具体政策措施，特别是各项环境管理制度，大多由政府部门直接操作，并作为一种行政行为通过政府体制进行实施，因此称为强制型环保监管模式，体现了环境危机初现时政府主导性的回应。

在强制型环保监管模式下，法律直接规定活动者产生外部不经济的允许数量及方式，如规定某种类型的污染物的排放标准，又如禁止对环境或资源造成不可逆影响的开发行为。环境保护相关部门根据相关的法律、法规和规章、标准，对活动者的行为进行监督，对违法行为给予行政甚至刑事处罚。强制型环保监管模式在各国得到了广泛应用，并取得了显著成效。即使是成功实行自由市场经济的美国，在20世纪70年代开始进行污染防治时，选择的也是传统的强制型环保监管模式，以"命令加控制"的污染防治政策解决环境污染问题，其主要标志就是1970年通过的《清洁空气法案》（CAA）。目前，我国主要采用以下几种强制手段：环境影响评价制度、"三同时"制度、污染物排放标准、限期治理制度、严重污染企业的关停并转、排污申报和许可证制度、企业环境目标责任制、污染物排放总量控制等。强制型环保监管模式强调政府行为，在环境标准制定、环境质量监测等宏观环境管理方面有其独特优势，在环境治理的最终效果上，具有很强的确定性和可操作性。但是，在强制型环保监管模式下，政府承担了环境保护事业过多的压力，企业、公众处于被动、服从的地位。随着环境问题的进一步突出和政府功能定位的改变，强制型环保监管模式在解决复杂的现代环境问题方面暴露出越来越多的局限性，如管理成本过高、易引发或激化社会矛盾、权利滥用滋生腐败、难以得到真正的执行等。

（二）"看不见的手"与经济型环保监管模式

学者劳拉·麦格雷戈、托尼·普罗塞和夏洛特·维利尔斯认为，以往对监管的理解过于狭窄，"监管不限于'命令—控制'，也不反对市场；监管不一定由政府当局进行：可以采取私人秩序的形式，公共监管和自我监管之间没有明显区别"。这一观念得到了国外学者的广泛认可。所以，国外对于环保监管模式的研究，从一开始就没有受到"环保靠政府"的指导思想的束缚，从理论到实践成果都颇为丰富。萨克斯认为，环境质量之所以经常受到威胁，是由于我们没有像对待私有财产一样赋予其价格，并将其放入市场之中。1960 年罗纳德·科斯发表《社会成本问题》，在对非市场关系的"庇古税"质疑的同时，提出通过产权界定、市场交易来纠正环境资源市场价格与相对价格的偏差。通过市场的办法来解决环境问题成为主流观点。排污权交易、财政补贴等制度成为新的环境治理工具，并被用来处理诸多环境问题，例如濒危物种的保护，区域性烟尘问题，以及最大的环境问题——温室效应和全球气候变化等。[1] 美国未来资源研究所的一份报告指出，

1　COASE R H. The Problem of Social Cost ［J］.Journal of Law & Economics，2013，56（4）：837-877.

鼓励性的方法将代替强制性的技术标准，在环境保护中越来越占主导地位，得到许多国家的响应。从 20 世纪 70 年代中期开始，美国在环境管理中引入了环境激励政策，最典型的经济手段就是排污权交易制度，即在一定的区域内，在污染物排放总量不超过允许排放量的前提下，内部各污染源之间通过货币交换的方式相互调剂排污量，从而达到减少排污量、保护环境的目的。排污权交易在世界范围内得到广泛推广，目前已成为各国解决环境污染问题的重要手段。80 年代末，推行经济刺激手段已经成为美国政府环境政策的重要组成部分。

实践证明，经济型环保监管模式通过鼓励性或限制性措施，迫使生产者和消费者把它们产生的外部性影响纳入它们的经济决策之中，以达到保护和改善环境的目标。与强制型环保监管模式相比，经济型环保监管模式能以更低的费用实现相同的环境目标。但是，经济型环保监管模式充分有效发挥的前提条件是把握和适应市场经济规律。以排污收费为例，1979—2003 年，排污收费制度历经几次改革。过去近30 年间，我国对污染企业征收的排污费累计接近 1 480 亿元，其中相当一部分返还到污染企业，作为企业进行技术改造、治理污染的资金。排污费的"征收、返还"机制弥补了政府、企业在环境保护方面的投入不足，对调动企业积极性、积累治理污染资金功不可没。但是这项制度仍然存在不能真实反映污染治理成本，不能有效补偿环境损害，不能充分调动企业治污减排的积极性等问题。收取排污费再按一定比例返还给企业，也不符合"污染者付费原则"。排污费的征收标准还远远低于污染治理成本，对刺激污染治理、补偿环境损害作用有限。2003 年国家对排污费实行环保部门不再直接从企业收取排污费、企业将排污费通过商业银行上交国库作为污染治理的专项资金等重大调整后，有关部门考虑到改革平稳过渡，实行了排污费征收标准按目标值减半执行。因为排污费收费标准太低，客观上造成了许多企业宁可缴纳排污费，也不愿治理污染。2016 年，走过 6 年立法之路、历经两次审议,《中华人民共和国环境保护税法》(以下简称《环境保护税法》)在十二届全国人大常委会第二十五次会议上获表决通过,并已于 2018年1月1日起施行。根据《环境保护税法》,对大气污染物、水污染物、固体废物和噪声四类污染物,由过去环保部门征收排污费,改为现在由税务部门征收环保税。环保税确立了多排多征、少排少征、不排不征和高危多征、低危少征的正向减排激励机制,一方面,针对同一危害程度的污染因子按照排放量征税,排放越多,征税越多;另一方面,针对不同危害程度的污染因子设置差别化的污染当量值,实现对高危害污染因子多征税。按照制度平移原则和因地制宜的要求,在具体税额的确定上,采取了"国家定底线,地方可上浮"的动态调节机制。环保税法的最大意义在于以法律的形式确定了"污染者付费"的原则,税务部门依据法律条款严格执法,多排放多缴税成为企业生产刚性的制约因素。

(三)"公众的力量"与参与型环保监管模式

环境问题最突出的特点之一在于其利益冲突性,这就决定了各种利益的调和必须借用民主观念和公共参与环境行政过程来实现。[1] 就社会公众的利益和需求而言,他们作为良好环境的享受者和环境公害的直接受害者,对环境状况最为敏感,有极大的参与环境保护的动力和热情。[2]对于环境管理来说,由于其浓重的政治性和社会性色彩,"不仅有依靠法律手段予以确保的一面,而且有通过舆论进行政治性监督、批评予以维持的一面"。[3]公众在环境保护与经济发展关系中的价值取向、行为方式对政府、企业的环境行为都有极为重要的影响。随着生活水平的提高,人们的生态需求正成为其环境行为的内在驱动力,加上其法律意识、权利意识的增强,必然要求政府对污染、破坏环境

---

1 乔·萨托利.民主新论〔M〕.冯克利,阎克文,译.北京:东方出版社,1993:336.
2 COLEMAN D A. Ecopolitics: building a green society〔M〕. New Brunswick, NJ: Rutgers University Press, 1994.
3 杨建顺.日本行政法通论〔M〕.北京:中国法制出版社,1998:537.

资源的行为实施更加严格的管理，并且通过宣传环保和组织环境保护活动，直接用自己的绿色消费行为影响企业决策，同时将越来越多地运用法律手段维护自己的环境权益。[1]

从最初公众参与环境保护理论的提出到大量的实证研究，参与式环境管理模式已被写入多国法律及国际宪章。在欧洲国家，环境管理一个主要的动力来源是民间团体和个体在维护生态环境与资源等权益方面给予政府、企业的压力。日本市民由于亲历过环境污染所带来的严重危害，更是成为日本三元（政府、企业、公众）环境管理结构中的一员，发挥着巨大的影响和作用。[2]应当说，参与型环保监管模式是一种自下而上、行之有效的环保监管模式。公众作为环境保护最广泛、最有力的社会力量，不仅能够为环境管理者暴露出新的环境问题，弥补环境执法手段的不足，促进政府适应环境保护工作新的形势，而且有利于增强环境保护的民主性与科学性，能够有效地监督和制约污染、破坏环境的行为。但是，参与型环保监管模式必须以信息的充分公开和公众强烈的环境自律和参与意识为基础。而在我国，现阶段公众仍缺乏充分的环境信息知情权和参与决策的有效途径，参与型环保监管模式目前仍显"动力不足"。在公众环境意识整体水平不高的情况下，参与型环保监管模式的作用发挥必然受到一定的限制和影响。

（四）"企业的责任"与协议型环保监管模式

如果说强制型环保监管模式强调政府的管制，经济型环保监管模式强调市场的激励，参与型环保监管模式强调公众的推动，协议型环保监管模式则是强调企业的参与。

"经济人"理论认为，企业在经济活动中是理性的，总是要受利

1　PRETTY J. Social capital and the collective management of resources［J］. Science，2003，302（5652）：1912–1914.
2　WONDOLLECK J M，YAFFEE S L. Making collaboration work：lessons from innovation in natural resource management［M］. Washington，DC：Island Press，2000.

己动机的驱使，在经济决策过程中会采用各种原则趋利避害以及采用各种可能的手段实现其目标的最大化和追求利润的最大化，环境问题在当时看来是可以通过财富的积累以及科技的进步来解决的。但是在现代社会，虽然企业排污或者开发建设行为本身可能是必要的经济活动或正常经济活动的副产品，具有一定的社会价值，但是随着环境问题成为日益严重的社会问题，企业已不能将自己置之度外。尤其是绿色浪潮的兴起，"经济人"所谓的利益最大化行为也只能在特定的制度环境约束下才能发挥效用。可持续发展要求企业不仅要充分考虑环境生态的价值，走技术进步、提高效益、节约资源的道路，还要求企业要公正地对待自然，限制企业对自然资源的过度开发，最大限度地保持自然界的生态平衡，真正确立对全人类负责的企业精神，真正确立关心自然、爱护自然的责任感，自觉履行保护生态环境的义务。从保护环境、合理利用资源的基础上考虑资源的有限性应当成为企业新一阶段的经营理念。企业社会责任理念滥觞于 20 世纪初美国关于企业对其所有利益相关者负责的理念。此后，随着社会经济的发展以及社会问题的加剧，英国和日本先后提出了企业应当对其商业活动对环境造成的危害后果承担社会责任，从而将企业的社会责任进一步扩大。各国政府认识到包括工商各界在内的社会各相关方要对社会负起更大的责任，共同参与以对抗环境问题。现代企业在规模化和科技化进程中不断发展，在经济、科技、信息等方面具有特殊优势。企业的环境责任指企业更新经营理念，加强环境管理，改变经营模式，运用科学的方法合理利用资源，在促进自身经济利益提高的同时所承担的保护环境的义务。对于一些大企业而言，环境责任还包括企业对公众生态责任的正确引导作用，随着企业规模的扩大，对公众的影响力也在逐渐增强，它们的行为与运作方式成为公众效仿的对象和模板。承担环境责任有利于树立企业的良好形象，带来潜在的商业价值和品牌收益。

1964 年，日本的一家公司最早和当地政府达成了一项环境保护协议，承诺将保持低水平排放污染物。在欧洲、美国等发达国家，协议型环保监管模式也得到了广泛的应用，并取得了良好的效果。例如，德国联邦政府代表与产业联盟代表为防止气候变化共同签署了环境协议，并设定 2010 年 6 种温室效应气体排放量较 1999 年削减 35%，特别是 CO_2 的排放量削减 28% 的目标。[1]

进入 20 世纪 90 年代，联合国环境署在名为 *Voluntary Industry Codes of Conduct for the Environment* 的报告中认为：在改变原有不可持续的生产和消费模式上，自愿环境管理将扮演更为重要的角色。自愿环境管理即协议型环保监管模式（Vas），又称自愿协议型模式（VEAs）、伙伴模式（EP）。作为一种新型的环保监管模式，是指通过自愿协议的方式建立政府与企业间的相互制约关系，旨在促进企业主动改进其环境管理行为，改善环境质量或提高资源的利用效率，强调企业的自觉参与。美国国家环境保护局"透过其总局和区域分局办事处，连同超过 1 万家工厂、企业、非营利机构与州和地方政府，努力于超过 40 个自愿污染预防计划和能源节约方面的工作。合作伙伴制定了自愿的污染管理目标，例如节水节能、减少温室气体、大幅度削减有毒物质的排放、固体废物再利用、控制室内空气污染和控制农药风险。环保局利用奖励的方式来回报自愿合作伙伴，例如一些重要的公众表扬项目以及能够获取最新的资料等"。循环经济理论的提出进一步推动了协议型环保监管模式的发展。"循环经济"一词是物质闭环流动性经济、资源循环经济的简称，是以资源的高效利用和循环利用为目标，以"减量化、再利用、资源化"为原则，以物质闭路循环和能量梯次使用为特征，按照自然生态系统物质循环和能量流动方式运行的经济模式。它要求人类在社会经济中自觉遵守和应用生态规律，通过资源高效和循环利用，实现污染的低排放甚至零排放，实现经济发展和环境保护

---

1 曹景山 . 自愿协议式环境管理模式研究［D］. 大连：大连理工大学，2007.

的"双赢"。这一理念融合了清洁生产和生态工业，并将环境保护融入生产技术、产品和服务的各个层次中，将环境保护与经济运行模式统一加以考虑，大大提升了环保思想的深度和广度。

2003 年由我国节能协会牵头，山东省环保局与济钢、莱钢签订了首个环境管理协议，目前协议已经完成，并收到了良好成效。[1]2007 年 3 月，欧盟 / 中国城市环境管理自愿协议试点项目二期启动，协议规定在今后的三年内，来自南京、西安和克拉玛依三个试点城市共 14 家企业，将以每年 3% ～ 5% 的速度自觉减少污染物排放，并把能源利用率提高 3% ～ 5%。2014 年山东省临沂市 82 家重点企业通过当地主流媒体主动向社会做出环保承诺，接受社会各界监督。

协议型环保监管模式虽然在我国起步的时间不长，但由于其建立在企业自觉自愿的基础上，对创造更为和谐的柔性化环境管理，提高环境质量和促进资源效率提升具有积极作用。首先，生态文明背景下的企业只有从产品设计到产品回收全方位地贯彻生态环保观念，节约资源、保护环境，才能为社会所承认、法律所允许、市场所接受。企业发展理念融合生态文明、企业经营机制遵守节约资源与保护环境的国家战略，这是生态文明建设赋予企业的神圣使命，它不仅是企业发展的战略选择，而且也是国家生态环境工程的战略性环节。其次，在协议型环保监管模式下，环境管理主体双方的关系有所改善。环境保护协议虽然可由政府主动提出，但政府并不是简单地发号施令，而是转向与企业协商。企业有利害判断和行为选择的余地，能够充分发挥从事环境保护的能动性。再次，协议型环保监管模式能够实现利益的双向满足。企业可以在一定空间内依照约定自主选择具体环境治理方式，可以从政府部门得到有价值的信息，获得政府提供的政策优惠，获得相关认证实现产品增值从而提升品牌形象、增强市场竞争力。而且这一模式灵活、简便、高效，加上企业的积极配合、主动参与，也

---

1 施宏伟，汉斯·布莱瑟. 协约型环境模式的有效性及其对中国环境管理的启示［J］. 生态经济，2006，22（11）：43-46.

降低了政府环境管理成本。最后，协议型环保监管模式确定了双方承诺必须达到的环境目标，各种指标的量化使企业治理污染的目标更加具体、可行，也为政府的监督、检查、评价提供了有效依据。[1]

虽然四种类型的环保监管模式的发展随着环境理念的嬗变呈现出一种递进的轨迹，但它们并未相互矛盾、取而代之、非此即彼。相反，实践证明，在不同的社会政治和经济条件下，各种环保监管模式的配合和效果都有所不同。需要根据不同条件做出选择、组合，才能促进环境资源的合理利用和有效配置。

三、环保监管模式的价值、确立原则及依据

（一）环保监管模式的价值

环境问题特别是其外部性问题的解决是一项系统工程，涉及社会生活的各个方面，需要运用政治、经济、科技、伦理、法律等多种手段进行，其中，法律无疑是解决问题的重要手段之一。而法律的生命在于实施，得不到有效执行的法律只不过是一纸空文。环境监督管理模式是环境法实施的重要条件，环境法的有效实施是环境监督管理的直接目标，二者是手段和目的的良性互动关系。

1. 环保监管模式降低环境法实施成本

环境问题的综合性、广泛性和潜在性决定了环境管理必须采取系统化、规范化的统一管理模式。环保监管模式的确立和推行改变了单因素、临时性和紧急措施性的环境保护方法。各国政府在国家宏观指导下，发挥主观能动性和创造性，依据实际，探索统筹经济、社会、环境效益，符合生态规律和市场经济规律的环保监管模式，具有稳定性、统一性和前瞻性，能够降低污染防治成本和环境管理费用，以低

---

1 P.诺内特，P.塞尔兹尼克. 转变中的法律与社会：迈向回应型法［M］. 张志铭，译. 北京：中国政法大学出版社，2004：11.

成本实现环境法实施的高效益，切实做到强化管理、保护和改善环境。

2. 环保监管模式提高环境法实施效果

外部性是市场无法克服的痼疾。在环境保护领域中，环境污染造成的外部性不可能靠市场自发解决，必须进行适当的政府干预，而科学合理的环保监管模式则是避免"政府失灵"的必要条件。环境法是一个公法性质较强的部门法律，国家可以凭借其财经力量和政治强力实现社会成员个人所无法和无力达到的目标。例如，通过关、停、并、转等强制手段消除污染；通过补贴、税收减免等经济利益诱导企业遵守环境法律规范；通过公众参与环境管理能力的建设和改善环境管理主体间的关系营造环境法实施的良好环境。无论是哪一种环保监管模式，其目的都在于通过加强对环境资源的管理和对污染物的预防、治理，促进环境外部不经济的内部化，实现环境资源的有效利用和清洁空气、清洁水等公共物品的生产，从而促进经济社会的可持续发展[1]，这与环境法的根本目的是一致的。科学合理的环保监管模式有助于取得更好的环境法实施效果。

3. 环保监管模式优化环境法实施环境

科学合理的环保监管模式能够直接有效地强化环境管理，减少污染和保护环境，达到设定的环境期望目标水平。除此之外，环保新技术的开发、环境观念的改变以及对环境目标主体关系的影响等也是环保监管模式所关注的内容。经济型环保监管模式下各种经济手段得到不断创新，企业也有意愿通过开发环保新技术争取税收、贷款等方面的优惠政策。参与型环保监管模式注重公众环境意识的培养和公众参与环境保护能力的建设。协议型环保监管模式着力构建环境管理主体的合作关系，使政府由过去的单纯指挥者、控制者转变为环境保护的指导者、服务者，提高了调控能力和水平。企业作为环境保护的主体，积极性得到了极大的调动和发挥。通过提高未来的环境改善能力，环

1　王明远，马骧聪. 论我国可持续发展的环境管理模式［J］. 能源工程，1999，19（4）：1—5.

保监管模式优化了环境法的实施环境，为环境法的顺利实施奠定了良好的社会基础。

总之，环保监管模式直接反映了该国对环境问题的认识水平，体现着该国环境管理的要求，显示了该国环境管理的能力，其科学与否直接影响到环境法实施的效率和效果，因而在整个环境管理中起着关键作用。世界各国的实践经验表明，与时代发展相适应的环保监管模式，能够克服环境保护的各种障碍，调动各方面的积极力量，促进环境法的顺利实施，实现环境和经济的协调和可持续发展。同时，环境法的有效实施也推动了环保监管模式的发展。环保监管模式的发展有赖于环境法对不断成熟的环保制度和政策科技工具加以确认和规范，并用国家强制力保证环保政策工具的推行和环保制度的实施。例如，环境保护税的有效实施，能够促进经济型环保监管模式更好地利用市场机制发挥保护环境的作用。又如在协议型环保监管模式下，政府与企业环境协议的性质需要法律的确认，在民法之外，还有必要借助专门环境立法中的补充民事规范和完善的公法规范来调整其订立程序、履约、解除、违约责任。

（二）环保监管模式的确立原则

1. 经济、环境和社会效益相统一原则

环境管理的根本目标是协调发展与环境的关系，建立可持续发展的经济、社会体系和保持与之相适应的可持续利用的资源和环境基础。环境效益是经济效益的自然基础和物质源泉，经济效益是环境效益的经济表现形式。而强调经济效益和环境效益，都是为了社会效益，即让人们有一个更好的社会生活环境，过一种高环境品质的生活。从环保监管模式运行的合理有效性来看，片面追求环境目标是不现实的。只有在实现环境效益的同时推动经济的发展，既达到环境保护的目标又不妨碍经济效益的提高，才能使企业、公民更加主动地投入环境保护中，投入更多的财力、物力、关注和热情。因此，科学合理的环保监管模式的确立不是看直接管制多一些，还是经济手段多一些的问题，而是要看是否能达到经济、环境和社会效益三个效益的统一，是否有利于实施可持续发展。只有以经济效益、环境效益和社会效益的良性循环为目标的环保监管模式，才能满足社会经济可持续发展的需要，才能使其得到顺利推行。

2. 协调性原则

环境管理的实质是运用各种手段规范、协调、限制人类损害环境质量的行为，使人类的经济活动不超过环境的承载能力和自净能力。各种环保监管模式有各自的优势，但是在环境问题日益复杂化、综合化的情况下，没有任何一种环保监管模式是解决所有环境问题的万全之策。任何国家，任何阶段的环保监管模式都不能局限于某一种，现实中的环保监管模式也呈现出日趋多样化的发展态势。因此，环保监管模式的确立在很多情况下不是非此即彼、众里挑一的问题，而只是何种环保监管模式所占比重大，发挥作用多，何种环保监管模式所占比重小，发挥作用小的问题，这就需要统筹协调。不同的环保监管模式的手段、重点、要求、实施条件不同，各地各国的环境问题、经济水平也各有差异，只有充分发挥各种环保监管模式的作用，扬长避短，互为补充，才能有效地实现环境管理目标。

3. 效率性原则

环保监管模式的选择还必须坚持效率性原则，针对不同的环境问题、不同的环境管理对象，不同的环保监管模式的作用和效果有所差异。以突发性大型污染事故为例，这种事故往往涉及面广、影响严重，如果采取经济型环保监管模式进行管理，一来见效慢，二来公众满意度低。所以应采取雷厉风行、成效迅速的强制型环保监管模式，加强执法力度，这样既能表明政府治理污染的决心，给予污染者极大的威惧，又能够尽快消除不良影响，维护社会的安定团结。

4. 动态发展原则

环境管理随着环境问题的产生而产生，也必然随着环境问题的发展而发展。作为环境管理的实现途径，环保监管模式也不是一成不变的，而是随着人类社会的进步、经济水平的发展、环境问题的变化而不断调整，与时俱进发展。如果环保监管模式一直因循守旧，不但本身会失去应有的活力，而且会直接影响环境管理的效果，阻碍经济、社会的可持续发展。只有能够客观调整各种现实社会关系，与时代发展相适应的环保监管模式，才能得到切实的贯彻和运用。因此，环保监管模式必须坚持动态发展，既符合目前的实际状况，又具有前瞻性和预期性，以适应不断变化的实际，体现时代特征。

（三）环保监管模式的确立依据

1. 政治传统

政治传统是历史积淀下来的政治思维方法以及价值和行为取向，与有形的物质文明不同，它是通过影响人的观念间接作用于人的行为的。环保监管方式的选择必然受到政治传统的影响。

政治体制的核心问题是国家权力结构形式问题，即统一的国家权力如何分工和配置。在我国古代，人们的共同政治心理是权力纵向集中于受命于天的君子手中，从而使权力关系、权力结构一元化、单向化、简单化。商周时代即建立了"家天下"政治结构，置君王以统治者家族大家长、大宗主身份，高踞万民之上而统御臣民。4 000 年前的夏朝，规定春天不准砍伐树木，夏天不准捕鱼，不准捕杀幼兽和获取鸟蛋。秦朝禁止春天采集刚刚发芽的植物，禁止捕捉幼小的野兽，禁止毒杀鱼鳖。我国历朝历代皆有对环境保护的明确法规与禁令。这些法规禁令客观上起到了保护环境的作用，但其本质是用带有神秘主义色彩的"天人合一"观念统一思想。它既是一统观念的出发点，也是尊君忠君观念的神化论据，是把人、社会、自然"合"为一体的神权政治观。

与我国古代社会不同，西方社会没有长期存在的专制统治的社会制度，集权、专制的思想观念不具备生发的深厚社会历史基础。西方古代和中世纪，存在过多样的国家政权组织形式、政治结构形式，但在把国家解释为一种公民契约联合体、共同体这一基本点上是一致的。对公共权力的不同认知造就了公民不同的权利和参政意识，从而对环保监管的社会公众基础产生了影响。在发达国家，公众既是 20 世纪传统环保运动的发起者，也是当今环境友好型社会的推动者。而在我国，"环保靠政府"的观念虽然已得到了根本改变，但环境管理的民间动力仍显不足，公众的环境知情权、监督权、参与权没有充分发挥，参与型、协议型环保监管模式的运用并不广泛。

2. 环境文化

凡致力于人与自然、人与人的和谐关系，致力于可持续发展的文化形态，即是我们所称的环境文化。20 世纪以来，世界环保主义对传统工业文明的高增长、高消费、高消耗的发展方式进行了有力挑战，环境文化的理念广泛渗透到人类经济、科技、法律、伦理以及政治领域。环境文化是一场人类社会的新文化运动，是人类思想观念领域的深层次的深刻变革，是对传统工业文明的高度反思和超越，是在更高层次上对自然法则的深切尊重。环保监管模式的确立，很大程度上取决于环境文化所营造的公众环境意识，人们对于良好生态条件和美好生活环境的迫切向往和追求，最终将转化为人们与自然和谐相处的价值取向和环境保护行为。在欧洲国家，公众普遍有着较强的环境意识，可持续发展的理念在企业文化中也逐渐占据越来越重要的地位。企业愿意变被动和服从为主动应对，参与和实施环境协议，实施可持续的企业发展战略，正确处理盈利和环保的关系，更好地履行其保护环境的社会责任。在我国，追求人与自然和谐的几千年传统文化的主流与环境文化的价值观也是高度一致的。但是仅有传统的思想资源并不够，必须有对科学发展的正确认识，改变传统经济增长方式与消费方式，革新传统技术体系。人们虽然对环境污染和生态问题给予了越来越多的关注，但相对于对经济发展的热情，这种关注还远远不够。

3. 环境管理体制

环境管理体制是社会管理体制在环境领域的体现，它是规定中央、地方、部门、企业在环境保护方面的管理范围、权限职责、利益及其相互关系的准则，其核心是管理机构的设置、各管理机构的职权分配以及各机构间的相互协调。应该说，在环境监督管理中，环境管理体制和环境监管方式是宏观与微观的关系。环境管理系统的效率和效能，直接影响到环境监管模式作用的发挥。

世界各国的环境管理体制因其政治、经济体制以及环境问题的具体特征差异很大，但是近年来在体制改革中存在着一些共同现象，包括环境保护机构升格，环境管理机构的人员扩编和资金投入加大，设置跨部门、高规格的环境管理协调机构。值得注意的是，国外的环境学者在讨论环境管理体制这一问题时往往十分重视考虑企业和公众的参与。他们认为，在环境管理机制的结构关系中，除政府行为的管理体制之外，与环境管理有关的所有社会利益团体的结构关系，或管理行为人的结构关系也是一个极其重要的组成部分。广义而言，就是要建立环境管理行为人的"三元结构"——政府、企业和公众共同管理，其作用就是将环境管理从"政府直控"转变为"社会制衡"的方式。从理论上讲，在环境管理中，政府的角色是规制者、监督者和裁判者，企业是实施方和自我管理方，公众包括市民、学者、媒体、环境社会组织如 NGO，他们是社会监督者和自我参与者。而事实上，在西方发达国家，环境保护事业已经高度社会化，企业和公众的参与在环境管理中已经具有举足轻重的地位。但是，目前我国的环境管理体制一般只是针对政府内部机构的设置，企业和公众的参与则被视为环境管理体制的外部作用机制，而未纳入体制本身的范畴。

4. 环境问题现状

确立科学合理的环保监管模式，最终目的是更好地解决环境问题。环保监管模式的确立，要考虑环境问题的发展阶段、解决难度、难点及面临的形势。近年来，国家高度重视环境保护，将改善生存环境作为以人为本、落实科学发展观、构建和谐社会的重要内容。在经济快速增长和人民群众生活水平显著提高的情况下，采取了一系列重大政策措施，环境立法、执法力度，环境保护工作取得了积极的进展。但是环境形势严峻的状况并没有从根本上得到改变，一些地区环境污染和生态恶化仍然相当严重。甚至在一些地方，老的环境问题还没有完全解决，新的环境问题又开始出现。环境问题由单一的工业"三废"污染扩展到农业污染、生态破坏等问题，高新技术发展带来的环境问题也不断出现，整体上呈现出结构化、复合型、相互渗透和影响的特征。随着环境问题的全球化，作为一个负责任的大国，我国履行全球环境责任的要求也有所提高。单纯强调政府行为的强制型环保监管模式明显表现出一定的局限性，需要借助更加完善和顺畅的其他环保监管模式，以满足环境管理的需求。

5. 经济发展水平

环境问题归根到底是经济问题。环境保护离不开经济的投入，环保监管模式的正常运转也离不开财政的支持。经济发展水平对一国、一地区环保监管模式的选择有很大的影响。例如，在经济落后的情况下，产权的确定、资源的流转、经济杠杆的作用发挥没有必要的经济土壤，不仅产生不了经济型环保监管模式，即使是引进并强制推行也会因为缺乏必要的市场经济基础和成熟、完备的外部环境支持而难以持续。

而当一国、一地区的经济发展到一定水平，环保监管模式就有调整的必要。根据马斯洛需求层次论 [1]，人的需求是多层次的，高层次的需求只有在低层次的需求得到满足后才有可能实现。这个理论完全适合于人们对环境质量的需求。环境质量和一般物品相比属于更高层次的消费品，人们对环境质量的消费需求是与其经济收入呈正相关系的。生活水平的提高使人们追求高品质的生活，愿意付出更高代价去谋求生态需求。在这种情况下，参与型和协议型环保监管模式就有了坚实的社会基础。环保监管模式与经济发展水平相适应，才能实现可持续性的跨越式发展，避免环境问题成为经济发展的绊脚石。当前，我国经济正保持着稳中有进稳定发展的良好态势，并且正从"环境换取经济增长"步入"环境优化经济增长"的阶段，这对我国环保监管方式必然提出新的要求，以适应新形势下社会经济发展的需要。中国社会科学院农村发展研究所、中国社会科学院城乡发展一体化智库出版发布的《中国农村发展报告》（2019）基于中国农村发展指数，对2011—2017 年全国、区域（东部、中部、西部、东北四大地区）和省级层面的农村发展水平进行了测算与地区间的比较研究，并重点分析了与 2016 年相比的突出变化。测评结果显示：农村发展水平在全国、区域和省级三个层面继续稳步提高，农村发展的主要贡献来自社会发展和生活水平的提升；不同区域之间农村发展水平存在一定差距，东部地区明显领先，西部与东北地区的差距缩小，生态环境成为中部和西部地区农村发展水平进一步提高的制约因素；省份间农村发展差距

1　亚伯拉罕·马斯洛在 1943 年出版的《人类动机的理论》一书中提出了需要层次论。他把需求分成生理需求、安全需求、社会需求、尊重需求和自我实现需求五类，分为高低两级，其中生理需求、安全需求和社会需求都属于低一级的需求，这些需求通过外部条件就可以满足；而尊重需求和自我实现需求是高级需求，是通过内部因素才能满足的，而且一个人对尊重和自我实现的需求是无止境的。一般来说，某一层次的需求相对满足了，就会向高一层次发展，追求更高一层次的需求就成为驱使行为的动力。相应地，获得基本满足的需求就不再是一股激励力量。同一时期，一个人可能有几种需求，但每一时期总有一种需求占支配地位，对行为起决定作用。任何一种需求都不会因为更高层次需求的发展而消失。各层次的需求相互依赖和重叠，高层次的需求发展后，低层次的需求仍然存在，只是对行为影响的程度大大减小。笔者认为，生态需求应该归入马斯洛的高级需求中。随着经济社会的不断发展，人们的生活水平不断提高，对生活质量的要求也进一步提高。人们在低级需求得到满足后，继而追求健康生存的尊严和在有尊严和福利的良好环境中自我实现的权利，对良好品质的商品和优美舒适的生态环境要求的生态需求日渐凸显。

继续缩小；各省份维度间发展失衡问题趋于缓解。[1]

第二节　现行环保监管模式失灵

　　生态文明建设是关系中华民族永续发展的根本大计。改革开放以来，特别是党的十八大以来，我国着力解决与经济社会发展相伴生的生态环境问题，生态文明建设取得了显著成效，现行的环保监管模式发挥了积极作用。但是，虽然我国生态环境质量整体持续向好，农村环境问题仍然十分突出。打好污染防治攻坚战是决胜全面建成小康社会的三大攻坚战之一。立足于城市实际情况而设计的环保监管模式，在农村环境保护实践中运行不畅、效果有限，亟待建构更加符合农村实际的行之有效的环保监管模式。

一、农村环境形势不容乐观

（一）农村环境现状堪忧

1.农村土地资源的减少和退化

　　我国虽然土地总面积居世界第三位，但由于人口众多，可利用土地资源的人均占有量还不足世界平均值的1/3。更令人担忧的是，近些年来，我国的耕地面积也正在以每年700万~800万亩的速度持续减少。受荒漠化的影响，我国干旱、半干旱地区40%的耕地发生不同程度退化，水土流失现象严重。与此同时，在快速工业化、城镇化背景下，耕地不断地被建设用地挤占，人均耕地面积减少，导致了我国单位农地承载力增加。同时，农业生产中广泛使用的化

1　2019年的"中国农村发展指数测评"延续了前三年的评价方法并根据新形势做了相应的改进，构建了包含经济发展、社会发展、生活水平、生态环境和城乡融合5个维度、25个指标的中国农村发展指数。该指标体系在内涵上契合了乡村振兴战略的"产业兴旺、生态宜居、乡风文明、治理有效、生活富裕"20字总体要求，同时，对城乡关系的强调也反映了推进城乡融合发展、落实农业农村优先发展总方针的要求。

肥、农药和农用地膜对土壤污染严重。我国农药的有效利用率仅为20%～30%，大部分飘浮在空气中或降落在地面，一部分进入土壤、水体、生物体内，通过食物链对整个生态系统形成危害。粮食、蔬菜、水果、畜禽产品等农作物，其农药的残留量严重超标，品质下降甚至不能食用，对人民生命健康造成威胁，在出口贸易中经常遭到进口国的拒收，导致我国农产品出口量下降。大量残留在土壤中的农用塑料地膜碎片在自然条件下不易降解，降低了土壤的渗透性能，减少了土壤的含水量，削弱了耕地的抗旱能力，妨碍农作物根系生长和土壤中水分、空气、营养元素的正常分布和运行，进而影响农作物的生长，造成其产量下降。从全国范围看，铅、锌、汞、镉等重金属对农田土壤的污染也呈加剧趋势。南方土壤酸化、华北平原耕层变浅、西北耕地盐渍化和沙化问题凸显。

2. 农村水资源危机问题

我国水资源人均占有量仅为世界水资源人均占有量的1/4。同时，水资源地区分布上的不均匀还造成了局部地区严重缺水的状况。如华北、东北、西北地区就常出现水荒，农业生产受到极大制约。另外，一些江河下游还出现了枯水期断流情况，工农业生产和城乡人民生活受到严重影响。水体污染严重还造成了农村水质型缺水。如化肥的过量使用及施用方式不当使土壤中的氮含量积累，并经过土壤淋溶而进入地下水、江河、池塘、湖泊等水体中，因而导致水体的富营养化。粉剂和液体农药随着降水过程沉降到地表，深达地下水层，造成对水生态的深度污染，直接进入生活环境系统。全国各地的农业用水主要污染物为COD、BOD、挥发酚和氨氮，重金属污染也在加剧。有关资料表明，目前50%以上的地表水体不符合渔业水质标准，25%左右的地表水体不符合农业灌溉水质标准。随着近年来我国畜禽养殖业的规模化发展，养殖污染也成为农村水体污染的重要原因。2010年《全国第一次污染源普查公报》显示，我国畜禽养殖业排放的化学需氧量达到 1 268.26 万吨，占农业源排放总量的 96%；总氮、总磷、铜、锌排放量分别占农业源排放总量的 38%、56%、97.76% 和 97.82%。全国有 24 个省份畜禽养殖场（小区）和养殖专业户化学需氧量排放量占到本省农业源排放总量的 90% 以上。许多规模化畜禽养殖场位于居民区内，8% ～ 10% 的规模化畜禽养殖场距离当地地面水源地不到 50 米，30% ～ 40% 的规模化畜禽养殖场距离当地地面水源地最近不超过 150 米。[1]

3. 农村大气污染形势严峻

我国能源结构主要以煤为主，尽管国家在不断地努力增加新能源比例，但是由于资源禀赋限制，以煤为主的产业结构暂时很难改变。2014 年全国人大常委会执法检查组关于检查大气污染防治法实施情况的报告中指出，2013 年，全国煤炭消费总量达 36.1 亿吨，占能源消费总量的 65.7%。当前北方大多数农村地区冬天取暖主要采用烧煤等方式，燃煤量大面广、管理粗放，城郊和农村散煤燃烧后直接排放，导致空气质量季节性下降尤为明显。秸秆焚烧、道路扬尘，以及低速农用汽车、黄标车和农用机械的尾气超标排放等也对空气污染有着较大的影响。一辆小型柴油农机的尾气排放相当于十几辆汽车的尾气排放。酸雨的形成与大气污染有着密切的关系。绿色和平组织早在 1998 年发表的《中国环境报告》指出，酸雨是这个地球上人口最多的国家所面临的最主要的环境问题之一，我国国土总面积的 40%（约 384 平方千米）受到酸雨的危害。由广东、广西、四川盆地和贵州的大部分地区所形成的我国西南、华南酸雨区，已成为与欧洲、北美并列的世界三大酸雨区之一。近年来又形成了以长沙为中心的华中酸雨区，厦门、上海等华东沿海酸雨区和青岛等北方酸雨区。酸雨严重地损害森林和农业，土壤酸化是酸雨对农业和生态系统危害的中心环节，酸雨还会对农作物和蔬菜以及水体产生严重的不利影响。

---

1 李昌麒．中国农村法治发展研究［M］．北京：人民出版社，2006：182．

我国每年因酸雨问题的损失高达140亿元。农村烧煤也是造成大气污染的重要原因。

4. 森林资源的不断减少

联合国粮农组织（FAO）在"2015年全球森林资源评估"报告中强调，森林在消除农村贫困、确保粮食安全和为人们提供生计方面发挥着根本作用。此外，它们还能提供重要的环境服务，如清洁的空气和水，保护生物多样性和应对气候变化。我国曾经是一个森林资源富有的国家。然而，正如联合国开发计划署所指出："在过去40年中，中国几乎一半的森林被砍伐。"大规模的乱砍滥伐严重破坏了自然植被和森林的许多生态功能，如防风、阻沙、蓄水、保持表层土壤、清洁空气和保持生物多样性。乱砍滥伐、填湖垦种和陡坡耕种使自然灾害更加严重和频繁。[1]长江中上游地区森林面积锐减、水土流失和生态破坏，被认为是1998年我国发生灾难性洪水的重要原因之一。

5. 农业生物多样性减少

我国农业直接利用的土地占国土面积的50%左右，农业活动区域分布于全国各种生物、地理、气候带，各区域内拥有丰富的野生动植物物种及其生境以及遗传基因资源。因此，加强农村生物多样化保护十分重要。但是，由于土地过度开发，导致了自然生物减少，农业生态系统趋向单一化，过于单一的种植系统带来了生态系统的单调、不平衡和物质减少。土地过度开发还导致了原先的森林、草地和湿地生态系统遭到侵蚀，造成一系列严重的生态后果。特别是采用化学手段加速目标生物生长和减少、控制非目标生物的生长，加速了野生生物在农业区域的消失，并造成土地侵蚀、土壤沙化、地力下降、病虫害增加等农业生态系统退化，野生遗传资源受到威胁。[2]

---

1 联合国开发计划署《中国人类发展报告》编写组.中国人类发展报告：经济转轨与政府的作用［M］.北京：中国财政经济出版社，1999：64.
2 张咏，郝英群.农村环境保护［M］.北京：中国环境科学出版社，2003：33-34.

（二）新的压力和挑战

1. 生态文明的时代特征对农村环境保护提出了新的更高的要求

改革开放 40 多年来，我国农业在粮食增长、农民增收方面都取得了显著成绩，但是我国农业发展长期依赖一种高消耗、高污染、低产出、低效益的粗放模式经营，农业经济增长是建立在高生态环境成本代价基础上的。我国农村生态环境承受生态破坏和污染排放压力越来越大，环保治理措施虽有所增加，但治理成效并不明显，治理能力远赶不上被破坏的速度，农村的生态赤字继续扩大，生态环境恶化的趋势十分明显。农村的发展不能走资源集约型老路，必须要深入贯彻落实生态文明理念，切实把农村环保放到更加重要的战略位置。实施乡村振兴战略是党的十九大作出的重大决策部署，是决胜全面建成小康社会、全面建设社会主义现代化国家的重大历史任务，是新时代"三农"工作的总抓手。良好的生态环境是农村的最大优势和宝贵财富，更好实施乡村振兴战略，必须以绿色发展为引领，坚持人与自然和谐共生，牢固树立和践行绿水青山就是金山银山的理念，尊重自然、顺应自然、保护自然，推动乡村自然资本加快增值，从主要追求产量和依赖资源消耗的粗放发展，转到数量质量效益并重、注重提高竞争力、注重农业科技创新、注重可持续的集约发展上来实现百姓富、生态美的统一。

2. 快速工业化、城镇化发展给农村环境保护带来新的挑战

工业化、城镇化是任何国家实现现代化的不可逾越阶段，是经济社会发展的必然趋势。从世界各国工业化及城镇化的发展轨迹来看，都经历了先污染后治理的过程。而在我国工业化、城镇化进程中，耕地流失、生态环境破坏、环境污染等非持续性发展问题已经凸显，农村环保工作未能跟上工业化和城镇化进程。伴随着工业化、城镇化的发展，我国出现了人口集中、工业集聚和农业集约化发展的新特征，特别是由于过快的工业化、城镇化发展超出了资源环境的承载能力，

人口、土地、资源、环境的矛盾日益突出。不少农村耕地被廉价地"圈"到开发商手中，单纯靠房地产业拉动当地 GDP，造成土地资源的严重浪费。还有一些地方，农村城镇化完全依托当地资源优势发展，城镇化实际就是资源开发和利用。但资源的过度和不科学开发造成了资源短缺、生态环境质量严重恶化，城镇的持续健康发展受到瓶颈制约，在我国辽宁省部分煤炭产区、新疆维吾尔自治区部分石油产区，城镇经济已经出现明显下滑趋势。虽然农村城镇化提高了农民收入和物质生活水平，但是农民文化水平尤其是环境保护责任意识的提高还远远滞后。对工业化、城镇化的挑战应当高度重视，加强各项政策制度的建设和完善，在农村工业化和城镇化过程中防治环境污染与生态破坏，以农村县域和镇区环境为对象进行综合性的乡镇环境规划。大力发展生态农业，实现农村城镇化可持续发展。

3. 日益增大的资源、环境压力和日益增长的农产品消费需求成为当前农业生产中的一对突出矛盾

2020 年我国需要的粮食总产量约为 6 亿吨，据预测，到 2030 年约为 6.6 亿吨。目前，我国耕地只有 18.27 亿亩，人均仅有 1.38 亩，要增加粮食产量必须提高单位面积的产量，加大对单位土地的投入，因此，农业生产本身带来的农业污染在可预见的将来依然会呈现高位运行态势。长期以来，我国农业的首要任务是保障农产品有效供给，增加产量是第一位的。随着人民生活水平的提高，目前人民群众的消费观念已由"吃得饱"向"吃得好、吃得安全"转变，更多地考虑农产品是否安全、是否有益于健康，把农产品质量安全与数量安全摆在同等重要的位置，农村环境保护面临压力将持续加大。[1] 新冠疫情如此严重，但我国社会始终保持稳定，粮食和重要农副产品稳定供给功不可没。世界粮食计划署的数据表明，2019 年新型冠状病毒大流行可能使受饥饿影响的人数翻一番，到 2020 年底，另有 1.3

---

1 高吉喜，张龙江. 新时期中国农村环境保护战略研究 [J]. 中国发展，2013，13（6）：15-20.

亿人可能会遭受严重饥饿。实现农业可持续发展、提高农业生产力，是保障粮食安全的关键。新形势下，要着力解决农业发展中存在的深层次矛盾和问题。

二、失灵的背后：现行环保监管模式于农村之不适应

就环保事业的实质而言，系统、整体的观念是核心和基础，之所以作城市环保监管、农村环保监管这样的划分，主要是因为经济社会发展的历史造成了我国城乡二元结构的现实，城市和农村环境问题也呈现出不同的侧重，环保监管模式也应当因地制宜才能有效发挥作用。但是，在我国最初的环保监管模式设计中，关注的重心更偏重于城市，却同时适用于农村，并没有考虑城乡各方面的差异，在实施过程中遇到了很多障碍。

（一）强制型环保监管模式的实施障碍

强制型环保监管模式是指各种具体政策措施，特别是各项环境管理制度大多由政府部门直接操作，并作为一种行政行为通过政府体制进行实施。该模式面对转型时期出现的各种变化，其所固有的在主体构成上的要素缺陷必然导致在激励作用和管理效率等方面功能性的削弱，存在对生态环境治理的能力不足、公共利益核心价值观的缺失、管制政策对公民参与回应不足等问题。[1]在农村环境保护实践中，农村环境保护法律不完善和农村环保监管体制不顺畅严重制约了强制型环保监管模式的作用发挥。

1.农村环境保护相关法律制度不完善

从立法理念上看，首先，我国的环境保护法律在制定之初多以城市为管理对象，现行环境保护法律法规体系基本建立在城市环境保护

1　谭九生. 从管制走向互动治理：我国生态环境治理模式的反思与重构 [J]. 湘潭大学学报：哲学社会科学版，2012，36（5）：63–67.

和重要点源污染防治的基础上。由于缺乏对农村环境问题特点的考察研究，许多环境保护制度并不适合农村，如排污收费制度对解决农村环境污染问题往往因成本过高难以实现。对农村环境保护的许多问题没有涉及，例如《中华人民共和国固体废弃物污染防治法》就缺乏对城市向农村转移落后生产工艺和落后设备的具体规定。即使是明确提出了农村环保问题，往往也因为原则性太强，缺乏针对性和可操作性而形同虚设。《中华人民共和国环境保护法》（以下简称《环境保护法》）对农村农业环境保护虽有涉及但很简单，未能将农村环境、农业环境和农业自然资源保护统一起来。在我国长期的城乡二元结构下，城市与农村的环境问题从形式到内容都有巨大差异，"为城市立法""为工业立法"的思维定式使得有关农村污染和生活污染的制度性安排严重缺乏。[1]其次，现行环境保护法总体上依然是以环境污染防治法为核心的传统型环境法体系，其立法思想偏重于污染防治方面的内容而忽视生态环境保护的内容，突出末端治理，忽视预防为主，全程控制。在规定法律责任时，仅把处罚与环境污染或严重后果挂钩。这些原则及其支撑的制度不可避免地表现为末端控制下的预防，在不可逆的环境破坏面前显得软弱无力。[2]在农村环境保护中，先污染后治理的立法理念具体表现为侧重于对某一类型破坏和污染农村环境行为的规范与治理，缺乏整体性和综合性的法律保护对策；对农村环境污染和生态破坏缺乏预防性措施，没有相关的预警机制；对于已经被污染和破坏的农村环境没有有效的治理和监督机制；没有把农业环境和农村自然资源保护相统一；没有把农业、农村、农村居民看作一个有机联系的整体。最后，忽视农村居民环保作用的立法理念不利于农村环境保护。长期以来，勤劳善良的我国农村居民由于经济条件差、受教育程度低被很多所谓的"城里人"视为愚昧落后的代表，进而被排除在决

1　吕忠梅.《水污染防治法》修改之我见［J］.法学，2007（11）：136-143.
2　张晓敏.科学发展观视野下的我国农村环境保护立法思考［J］.河南师范大学学报：哲学社会科学版，2008，35（6）：164-166.

策监督主体之外，使得农村环境保护如无源之水、无本之木而停滞不前。农村环境保护法律由在城里居住的专家学者起草拟定，往往对通过国外考察获得的先进经验倍加推崇，却不实际深入广大农村了解农业生产生活的具体特点。在这一现实背景下，环境保护法律在农村的推行缺乏现实土壤。从具体法律制度上看，农村环境和农村居民的特点没有得到充分考虑，农村居民发挥作用的渠道运行不畅。无论是环境影响评价制度还是公众参与制度，农村居民在信息的获取、评价的参与和救济的获得上都不能得到合理满足。被立法边缘化的农村居民自然不会给予农村环境保护工作充分的支持。

从法律体系上看，首先，目前我国的环境资源法律体系已初步形成，但是现有各层级的规范性文件中几乎没有专门针对农村环境保护的文件，极少数涉及农村环境问题的规定通常十分原则和抽象，未考虑在农村的具体适用。如《中华人民共和国城乡规划法》《中华人民共和国土地管理法》《村庄和集镇规划建设管理条例》的内容都停留在"编制规划应以保护生态环境为原则"的宏观层面上，难以进行有效的实施指导。又如 2012 年 4 月，国务院办公厅印发的《"十二五"全国城镇生活垃圾无害化处理设施建设规划》提出，到 2015 年，直辖市、省会城市和计划单列市生活垃圾要全部实现无害化处理，设市城市生活垃圾无害化处理率达到 90% 以上，县县具备垃圾无害化处理的能力，县城生活垃圾无害化处理率达到 70% 以上。但是该规划并未将我国县级以下的乡镇农村纳入统计范畴，也并未设定规划目标。涉及农村环境保护的具体行为规则大多出于效力不高的国务院文件或效力较低的部门规章，立法层次不高，如《畜禽养殖污染防治管理办法》等。涉农各部门之间的许多职权存在着交叉重叠，因而那些具有很强部门色彩和部门利益的文件，看似可以解决某个具体问题，但实际上因各行政部门之间缺乏权力上的衔接与配合，导致执行效率低下或者执行结果"无功而返"。[1] 其次，综合性立法缺位。对农村环境保护的规定散布在多部规范性文件中，多从保护和合理利用某一种农业资源出发，或是仅涉及农村环境污染防治的某一方面，缺少农村环境保护的综合性立法，这与农村生态环境内在的整体性和系统性很不协调。《环境保护法》作为我国环境保护的基本法，仅在第三十三条规定："各级人民政府应当加强对农业环境的保护，促进农业环境保护新技术的使用，加强对农业污染源的监测预警，统筹有关部门采取措施，防治土壤污染和土地沙化、盐渍化、贫瘠化、石漠化、地面沉降以及防治植被破坏、水土流失、水体富营养化、水源枯竭、种源灭绝等生态失调现象，推广植物病虫害的综合防治。县级、乡级人民政府应当提高农村环境保护公共服务水平，推动农村环境综合整治。"对农业环境与农村环境和农业自然资源保护的天然有机联系重视仍显不够。再次，法律规定缺乏可操作性。关于农村环境保护零散的法律规定或是相当原则、概括，中间充斥"提倡、鼓励、可以"等软要求，强制性差，缺乏可操作性，或是因为没有对农村环境管理的特点和困难给予充分考虑而难以得到有效实施，无法满足我国农村环境保护的现实需要。最后，关键领域存在立法空白。例如，对乡镇企业污染至今没有具体的法律规定，给污染防治带来困难。对农药使用造成环境污染、农村清洁生产、农村环境影响评价缺乏相应的规定。对有机食品的生产、有机肥料的生产使用这些能够减轻农村环境压力和污染的行为缺少鼓励扶持政策。又比如《城镇污水处理厂污染物排放标准》（GB 18918—2002）中的"一级 A 标准"并不适用于农村生活污水处理设施的污染物排放管理。由于农村与城市污水特征不同，我国村镇污水规模小、面广、分散、水质水量变化大，而且我国地区差异性显著，村镇经济发展水平参差不齐，所以需要各个地区结合当时实际情况制定合理的评判标准。

---

1 王社坤.农村环境：被法律遗忘的角落？[J].世界环境，2008（1）：55-57.

2. 农村环保监管体制不顺

首先是环保监管职权不明。我国农村环保监管部门不仅包括县级环境保护行政主管部门，还包括土地、矿产、林业、农业、水利行政主管部门。各部门依照有关规定"在各自的职责范围内"分别实施环保监管。这就容易形成职权交叉和监管真空。以农村禽畜粪便污染管理为例，畜牧管理部门作为业务主管部门，其职责中没有粪便管理和资源化利用；而环保部门以工业防治污染为主，对农村非工业污染尤其是禽畜粪便污染虽然关注但缺乏有效治理手段；环卫部门则只负责城市地区的粪便清理。由于监管主体林立，职责不清，统管和分管部门之间的关系没有理顺，缺乏协调。加上部门本位的影响，往往是有经济利益则越权抢权、一哄而上，没有经济利益则相互推诿、谁都不管。各部门环保监管职能横向分散、分离、分割，造成政令不畅，难以发挥整体监管效果。其次是环保监管受较多行政干预。地方环保部门受上级环保部门和当地政府的双重领导。由于其预算和人事上受制于当地政府，实际上环保监管工作也常常受到上级行政领导的干预。尤其是在 GDP 至上的传统政绩观和考核评价体系之下，"重经济轻环保"的观念仍占有很大比重，许多政府部门不惜为污染严重的纳税大户大开绿灯，对环保监管部门履行职能设置重重障碍，严重干扰环保监管工作。基层政府权力介入时的各种扭曲现象影响了行政执法效果。[1] 最后是环保监管力量薄弱。我国目前的环境管理机构呈现一个倒金字塔结构，从中央级到地方，机构数量和规模越来越小，环保专业技术人员越来越缺乏，环保技术装备越来越差，环境监管执法能力越来越薄弱。根据《环境保护法》第十条的规定，我国由县级地方人民政府环境保护主管部门对农村环境进行监管。但是乡镇一级没有相关的职能部门，乡镇环保监管一直是基层环保工作的薄弱环节。农村地域辽阔、污染源复杂，尤其是农村面源污染不如点源污染直观，县

---

1 VAN ROOIJ B. Implementation of Chinese environmental law: Regular enforcement and political campaigns [J]. Development and Change, 2006, 37 (1): 57–74.

级环保部门由于信息、成本、人员、资金、监管设备和能力等限制不可能对乡镇环境予以及时有效的监管，基层环保监管存在工作盲区。[1]即使是有少数乡镇设置了环保局的派出机构，配备了专门的办公室或是环保助理、环保员，在农村的工作也仅限于农村工业这一块，而且往往由于管理职责不明、经费不足，几乎没有具体履行环保监管的职责，致使污染事故无人管，环保咨询无处问，农村居民的日常生产、生活行为缺乏必要的环保人员和环保知识作指导。[2]2015 年底召开的全国农村环境连片整治工作现场会上，《农村环境质量综合评估技术指南》编制组介绍，"目前，我国绝大多数农村的环境监管处于空白状态"。此外，政府偏重城镇与工业环境治理投入，农村治理投入仍显不足。

（二）经济型环保监管模式的实施障碍

经济型环保监管模式是指根据价值规律，利用价格、税收、信贷、投资、微观刺激和宏观经济调节等经济杠杆，运用"看不见的手"这一市场机制来解决环境问题。

1. 现有经济手段不适应农村环境问题自身特点

经济型环保监管模式设定的基本前提是完全信息假设，即假设政府环保部门能够及时并且全部掌握辖区内环境污染的数据资料及其他相关信息，进而采取有效的经济杠杆对环境行为进行相应调整，以达到预防环境污染、破坏和环境治理的效果。[3]但是，与以点源污染为主，相对较易监测及控制的城市污染相比，农村环境污染不仅存在点源污染，还存在面源污染，因此农村环境管理和污染治理更为困难和复杂。从污染源来看，有农业生产方面的农药、化肥不合理使用的污染及禽

---

1 宋金华，谢一鸣.我国农业生态环境保护的法治研究［J］.安徽农业科学，2010，38（34）：19465–19467.

2 康洪，彭振斌，康琼.农民参与是实现农村环境有效管理的重要途径［J］.农业现代化研究，2009，30（5）：579–583.

3 WEBER M，RHEINSTEIN M. Max Weber on law in economy and society［M］. 2d ed. Cambridge：Harvard University Press，1954.

畜养殖、农副产品加工污染，有农村生活方面的生活垃圾、废水污染，有农村乡镇企业的工业污染，甚至还有城市和工业企业转移到农村的污染；从污染种类上看，包括了土壤、大气、水体等各种环境介质的污染和破坏；从污染面上看，广大农村居民分散居住、乡镇企业遍地开花，污染源小而多，污染面广而散。环保部门很难有足够的人力、物力和财力去收集农村环境污染的全部信息。

从经济杠杆自身的内容来看，在制度设计之初即主要以城市环境治理为作用对象，制度具体内容和操作手段均以城市环境污染和破坏的特点为出发点，对农村环境管理和污染治理的具体情况和困难考虑不够，因为脱离了农村生产和生活的特点而在广大农村地区的环境污染防治工作中失去可操作性。例如已于 2018 年 1 月 1 日起在全国范围停征的排污收费就是一种价格配给的经济激励机制。在控制污染时，对特定排污量设定收费标准，而不控制排污总量。为了实施此激励方式，需要收集综合排放信息，确保一定范围内的污染排放量总体达标。这在空气和水的点源污染的控制中能起到很好的效果。但是在我国农村地区，环境污染源相对分散、隐蔽，排污随机、不确定、不易监测，综合排放信息的收集困难，要逐个监控和鉴定排污者的污染事实和责任，既不现实也不经济。排污收费在农村面源污染的控制中作用有限。又如，由于农村化肥农药、地膜主要是通过破坏土壤和地下水造成面源污染，与城市的点源污染不同，很难查出破坏者及其破坏程度，"谁破坏谁补偿"的政策不便在农村施行。在我国部分农村地区，即使是所谓的经济手段有时也简化为政府直接操作的管理方式，被简化为收费、罚款等手段来调控环境行为。因此，经济型环保监管模式目前在农村取得的效果十分有限。2019 年起《环境保护税法》正式实施，为支持农业发展，对农业生产排放的应税污染物暂予免税。但鉴于规模化养殖对农村环境影响较大，需要区别不同情况予以免征税，具体实施效果还有待实践检验。

2. 农村环境资源产权制度不完善

首先是环境资源产权关系不明确。根据《中华人民共和国宪法》（以下简称《宪法》）第九条，"矿藏、水流、森林、山岭、草原、荒地、滩涂等自然资源，都属于国家所有，即全民所有；由法律规定属于集体所有的森林和山岭、草原、荒地、滩涂除外"的规定，我国的环境资源属于国家和集体所有，这就造成了所有权主体的客观虚置。尤其是国家所有权由各级地方政府代理行使，而代理人在自身利益的驱动下，其代理行为存在着背离环境资源公共产权主体和终极所有权人利益的可能。现实生活中被破坏最为严重的往往正是国家所有的生态资源就是很好的例证。所有权的虚置和对环境资源应由谁来占有、支配、使用缺乏明确的法律规定，使得"公地的悲剧"在环境资源产权没有明晰的情况下频繁上演，为争夺资源开发而不顾环境资源可持续利用的短期行为时有发生，地方政府、乡镇企业、当地农村居民在生产生活中对环境资源的滥用和破坏现象大量存在，无法通过市场的手段对农村环境进行有效监管。

其次是环境资源产权残缺。土地承包经营是我国农村特定历史和社会背景下的产物。它是指农村集体经济组织的成员，在法律允许的范围内，依法承包集体所有的或者国家所有由集体使用的土地、森林、山岭、草原、荒地、滩涂、水面，其合法经营取得的收益，在缴纳了土地承包金和国家规定的税收以后，归其自己所有。土地承包经营权成为反映我国经济体制改革中农村承包经营关系的新型物权。应该肯定的是，农村土地承包经营一定程度上弥补了农村环境资源所有权人虚置的缺陷，极大地调动了农村居民合理有效开发利用自然资源的积极性。然而，目前农村环境资源产权制度中由于国家和集体所有权的强势地位和其对应的承包主体的弱势地位，农村居民所承包的耕地、林地、草地及其拥有的生态资源的产权受到种种特殊性限制，[1] 造成

---

1 世界各国法律对产权的行使所作的各种限制在性质上一般分为两种：一种是普遍性的限制，另一种是特殊性的限制。普遍性的限制可以预期，对产权的损害程度要小。特殊性限制难以预期，对产权的损害较为严重。

环境资源产权的残缺。由此带来多方面的不利后果。其一，环境资源产权残缺限制了承包主体进行生态治理的资金来源。如根据《中华人民共和国担保法》第三十四条、第三十七条的规定，抵押人抵押依法承包的荒山、荒沟、荒丘、荒滩等荒地的土地使用权，必须经发包方同意。这无疑给农村土地承包经营权抵押的设定造成了一定障碍，即使是发包方经申请同意抵押，无形中也复杂了抵押程序。而在产权完整的情况下，荒山、荒沟、荒丘、荒滩等荒地的土地使用可以自由抵押获得贷款，金融资本能够自由进入农村，农村居民筹集生态环境治理基金就会容易得多，更能刺激农村居民利用对生态环境压力小的生产技术，自觉选择清洁高效的农业生产方式。其二，无论是所有权，还是使用权、占有权、转让权，任何产权只有同收益相结合，获得经济利益，才能被激发出权能有效行使的动力。而环境资源产权残缺难以保障承包主体收益的实现。如森林资源经营者的自主经营权、采伐权及相应的收益权就受到森林采伐限额的限制。对于通过各种方式有偿从其他相关主体那里取得林木所有权的私有林经营者而言，这种限制更令人难以接受。[1]"治沙英雄"石光银就是一个典型。[2]环境收益无法实现必然影响农村居民参与环境保护的积极性。

（三）参与型环保监管模式的实施障碍

1.农村居民环境知情权缺失

《里约宣言》指出，"每个公民都应当具有获取相关环境信息的合适渠道，都有机会参与到政策制定的过程，国家应通过广泛地散布相关环境信息来培养公众的环境意识和参与意愿"。环境知情权既是

1　康洪，彭振斌，康琼.农民参与是实现农村环境有效管理的重要途径［J］.农业现代化研究，2009，30（5）：579-583.
2　石光银是陕西定边县的一位普通农民。根据当时"允许个人承包荒沙，所造林木谁造谁有"的政策，1985年石光银与国营长茂滩林场签订了定边县第一份个人承包荒沙的合同书。但从1989年第一批树苗成活成林，他就因为未获林业局采伐许可一直无法收益。1998年，石光银种下的这片林子被国家划成了生态林，严禁砍伐。石光银向林业主管部门提出了移交6万多亩林木的申请，并希望林业部门能对他十几年来的投入做出相应的补偿，但这一申请遭到拒绝。2002年实施的退耕还林政策只对新造林实施，石光银也不符合生态补偿的发放条件。守着不能变现的3000万元资产，石光银却难以偿还治沙贷款，种树致富更成为尴尬的梦想。

公民参与国家环境管理的前提，又是环境保护的必要民主程序，[1]农村居民环境知情权的享有程度将直接影响其参与环境保护的深度和广度。然而，从现实状况来看，农村居民的环境知情权状况不容乐观。以2003年发生的重庆开县井喷事故为例。事故发生前，生活该矿井附近的村民对于其生活区域周围的环境信息一无所知，农村居民普遍不知道天然气开采可能产生有毒气体，对于"硫化氢"这一恐怖的名词更是闻所未闻，在此案例中，农村居民的环境知情权被天然气开采利益方悄然抹杀，导致对可能对其生命财产安全造成危害的环境行为不能提前预防，在事故发生后不能及时采取防护措施，直到自己的健康遭受严重侵害时才对环境污染有所察觉。井喷事故导致周围空气环境被有毒气体硫化氢严重污染后，采气公司在喷井后的一个多小时内未及时向当地县政府报告，未将污染信息及时披露给周围几平方千米范围的群众，导致243人因硫化氢中毒死亡，2 142人因硫化氢中毒住院治疗，65 000人被紧急疏散安置，直接经济损失达6 432.31万元。而与之形成鲜明对比的是，在城市兴建加油站、加气站、变电站、工厂等可能对周边居民带来环境安全隐患的各种工程都需要经过反复论证，向市民公开相关信息、征求市民意见并接受其监督，城乡差别在环境知情权方面再次显现。不仅如此，农村居民还通常没有机会参与对自己土地使用权产生重大影响的城市征地开发计划，无法获知一些乡镇企业的建设是否会对农村环境造成影响，不能全面了解某些生产方式的弊害，甚至往往无法阅读农药的标志、毒性……[2]

从立法上看，《中华人民共和国清洁生产促进法》（以下简称《清洁生产促进法》）、《环境影响评价法》都对确保公众享有环境知情权做出了规定。2008年5月1日实施的《环境信息公开办法（试行）》更是作为我国真正意义上第一部有关环境信息公开的部门规章，对公众环境知情权予以了法律保障，我国的环境信息公开化制度建设又向

---

1 吕忠梅.再论公民环境权［J］.法学研究，2000，22（6）：129-139.
2 肖薇薇，张忠潮，赵洁.论我国农民环境知情权的保障［J］.价格月刊，2008（9）：45-46.

前迈出了一大步。虽然法律制度形式上赋予了公民环境知情权，但是这些制度都是建立在城市环境问题防治的基础之上的，没有将抽象的环境知情权放在我国农村这个特殊的地域环境中进行考察，影响环境知情权实现的各种变量因素如农村与城市相比较低的经济发展水平、农村居民与市民相比较低的文化水平等被忽略了，公民的环境知情权很大程度上缩减为市民环境知情权。如《环境信息公开办法（试行）》规定了环保部门遵循公正、公平、便民、客观的原则，及时、准确地公开政府环境信息的义务，然而由于人力不足、办公经费有限、监测设备手段落后、办公自动化滞后等各种原因，农村基层环保部门环境信息公开的条件尚不充分完备，环境信息公开在农村实际上受到很大限制。《环境信息公开办法（试行）》第五条还规定公民、法人和其他组织可以向环保部门申请获取政府环境信息，首次明确了公民享有主动获取环境信息的权利。但是与城市居民相比，农村居民普遍受教育程度低下，缺乏必要的环境保护知识，参与环境事务能力不足，对于经申请才公开的部分环境信息，农村居民不了解如何申请、向哪个具体单位申请，没有主动获取信息的能力和动力，即使有所需要也很难主动申请查阅信息。而且对于政府和企业主动公开的环境信息，由于许多环境状况指标技术性太强，晦涩难懂，广大农村居民受自身文化水平的限制也很难全面理解，往往因此丧失关注热情，难以参与到与自身利益息息相关的环境事务中，信息公开完全达不到预期效果。农村居民在获取环境信息的过程中始终处于被动地位，信息的不完全和不对称妨碍了农村居民对环境污染和破坏的认知、预防和救济。

2. 农村居民参与环境保护缺乏程序保障

《中华人民共和国水污染防治法》（以下简称《水污染防治法》）1996 年修订增加了"环境影响报告书中，应当有该建设项目所在地单位和居民的意见"的规定，这是公众参与原则正式在我国环境立法中加以体现，但是由于缺乏具体有关公众参与途径、形式和程序，在实践中没有充分发挥作用。2002 年全国人大常委会通过的《环境影响评价法》明确"专项规划的编制机关对可能造成不良环境影响并直接涉及公众环境权益的规划，应当在该规划草案报送审批前，举行论证会、听证会，或者采取其他形式，征求有关单位、专家和公众对环境影响报告书草案的意见。但是，国家规定需要保密的情形除外。编制机关应当认真考虑有关单位、专家和公众对环境影响报告书草案的意见，并应当在报送审查的环境影响报告书中附具对意见采纳或者不采纳的说明"。"除国家规定需要保密的情形外，对环境可能造成重大影响、应当编制环境影响报告书的建设项目，建设单位应当在报批建设项目环境影响报告书前，举行论证会、听证会，或者采取其他形式，征求有关单位、专家和公众的意见。建设单位报批的环境影响报告书应当附具对有关单位、专家和公众的意见采纳或者不采纳的说明。"这些规定对公众参与规划和建设项目环境影响评价的范围、程序、方式和公众意见的法律地位作出了明确规定，使公众的意见成为环境影响报告书不可缺少的组成部分。这是在以往的环保法律中所没有规定的，但相关规定仍过于笼统、原则，可操作性不强，透明度不高，公众参与时间晚，参与范围面窄等，公众参与缺乏适当的机会、手段、途径，从而影响了该制度的实施。2006 年原国家环境保护总局发布《环境影响评价公众参与暂行办法》对公众参与的程序进行了进一步细化。我国关于公众参与环境保护的立法从无到有，从原则到具体，正在不断发展，在一定程度上为公众参与环境保护提供了法律保障。也说明国家逐渐开始重视维护公民的环境权益，重视公众参与环保决策和监督。[1]

但是目前，参与型环保监管模式主要着眼于调动以城市居民为主的社会公众积极性，发挥舆论监督的作用，将生态与经济双赢理念运用于推动城市发展。在参与程序的立法设计上没有考虑到农村居民有

---

1 关慧.中美环境侵权及救济方式比较研究［D］.重庆：重庆大学，2005.

限的环境保护水平。如《环境影响评价公众参与暂行办法》第十一条规定："建设单位或其委托的环境影响评价机构，可以采取以下一种或者多种方式，公开便于公众理解的环境影响评价报告书的简本：（一）在特定场所提供环境影响报告书的简本；（二）制作包含环境影响报告书的简本的专题网页；（三）在公共网站或者专题网站上设置环境影响报告书的简本的链接；（四）其他便于公众获取环境影响报告书的简本的方式。"根据以上规定，建设单位或其委托的环境影响评价机构公开信息的方式是自由选择的，而在农村地区，网络等现代化的信息传播工具并不十分普及，农村居民对获取环境信息的主动性要求不高，封闭的信息结构妨碍了环境信息的传播，第（二）、（三）项公开方式都不能保证农村居民获得充分的环境信息进而参与到环境影响评价中。程序性立法不完善致使农村居民很难真正参与到环境保护之中。可喜的是，在 2019 年 1 月 1 日起正式实施的《环境影响评价公众参与办法》，第十一条已经修改为"依照本办法第十条规定应当公开的信息，建设单位应当通过下列三种方式同步公开：（一）通过网络平台公开，且持续公开期限不得少于 10 个工作日；（二）通过建设项目所在地公众易于接触的报纸公开，且在征求意见的 10 个工作日内公开信息不得少于 2 次；（三）通过在建设项目所在地公众易于知悉的场所张贴公告的方式公开，且持续公开期限不得少于 10 个工作日。鼓励建设单位通过广播、电视、微信、微博及其他新媒体等多种形式发布本办法第十条规定的信息"。这一修订在有利于包括农村居民在内的公众及时准确掌握环境信息方面又迈出了一大步。

（四）协议型环保监管模式的实施障碍

协议型环保监管模式在我国起步的时间不长，主要通过自愿协议的方式建立政府与企业间的相互制约关系，促进企业主动改进其环境管理行为，改善环境质量或提高资源的利用效率，强调企业的自觉参与。但是协议型环保监管模式在农村环境保护中尚未能够充分发挥作用。

1. 农村地区企业参与环保内源性动力不足

农村地区的企业大致可以分为乡镇企业和外来投资企业。乡镇企业是指以农村集体经济组织或农民投资为主，在乡镇（包括所辖村）举办的承担支援农业义务的各类企业。20 世纪 80 年代以来，我国乡镇企业获得迅速发展，对充分利用乡村地区的自然及社会经济资源、向生产的深度和广度进军，促进乡村经济繁荣和人们物质文化生活水平的提高，改变单一的产业结构，吸收数量众多的乡村剩余劳动力，以及改善工业布局、逐步缩小城乡差别和工农差别，建立新型的城乡关系均具有重要意义。但是许多乡镇企业尚未摆脱资本的原始积累状态，存在着片面追求经济利益、忽视生态环境的倾向。他们无视企业的社会环境责任，盲目追求成本效益的最大化，视环保投入为可以避免的没有必要的企业经营成本，直接把环境包袱甩给社会。恶性的、严重破坏环境的简单生产正不断挑战着当地农村环境的承载极限，也对当地农村居民的生产生活造成了严重的危害。稍有环境保护意识的企业，即使有解决污染问题的愿望，也常常因为环境治理增加的企业成本而却步，没有意识到环境友好行为给企业带来的正面效应。而外来投资企业中，有很大一部分是被城市淘汰和排斥的污染企业向农村转移的，以追逐经济利益最大化为目标，很多根本缺乏基本的环境责任意识。

2. 政府对于角色转变的不适应

长期以来，我国政府已经习惯了企业作为环境问题制造者的唯一身份。对于协议型环保监管模式下，昔日的监管对象摇身变为环保监管的参与者很不适应。在传统的环保监管模式下，政府拥有绝对的主动权。无论是在强制型环保监管模式下对环境保护政策标准的制定、环境法律的具体实施，还是在经济型环保监管模式下对经济手段的选择和运用都由政府统揽统包，企业作为被监管者只能无条件服从。而在协议型环保监管模式下，政府必须放下身段，与企业进行有效的环境信息沟通，在政策制定中必须反映企业的需求，与企业构建平等友好、相互支持的环境保护伙伴关系。对协议型环境保护监管模式下角色转换的不适应，使得政府的支持力度尚显不够。原国家环境保护总局环境监察局与美国环保协会 2007 年联合发布的《中国环境监察执法现状、问题与对策研究报告》指出，目前企业因环境保护实际获得的收益（表彰或被授予荣誉称号）与企业期望的利益存在出入。95.8% 的企业希望环境保护能给企业带来经济利益。[1]

三、失灵的背后：农民环境角色的错位

（一）环境角色

环境角色是应对环境问题的一种特定位置，制约着我们界定、解释和应对环境事务的方式，分为积极环境角色和消极环境角色。积极环境角色对环境问题有清醒的认识，对加强环境保护、遏制环境恶化有强烈的责任感，倡导和践行绿色生活方式，主动与危害环境的行为作斗争。消极环境角色则由于自身素质或者能力等限制，漠视环境问题，缺乏参与环境保护的主动性和自觉性，不考虑行为的环境后果，甚至无法有效地主张和保护自身的环境权益。

（二）农民的现实环境角色

1.农民是环境问题的制造者

我国农民的受教育水平普遍较低，这就决定了农民的环境意识不高，不能认识环境问题的严重性和环境保护的必要性，容易为了短期经济利益牺牲环境。当前，经济收入的增长仍是农民紧迫性的需求，

---

1 赵美珍，邓禾. 立体化环境监管模式的创建与运行[J]. 重庆大学学报: 社会科学版，2010，16(1): 134–139.

脱贫致富仍是许多农民最大的利益和渴望，为了改变自己的生活，农民希望尽快增加收入，更关心他们能从自然资源中索取什么。尽管明知环境污染、生态破坏的恶果，但在实际危害发生前总是心存侥幸。例如，许多农民都知道焚烧秸秆会污染大气，但由于除此之外其他处理方式成本太高而只好放弃。大量施用化肥、农药，使用地膜，随意堆放生活垃圾等行为也加重了农村环境问题。而对这些行为尚没有专门的法律、法规加以规范。如《中华人民共和国农业法》（以下简称《农业法》）只规定了农产品质量检验监测监督体系，对农民自用的农作物质量检测却没有涉及。《中华人民共和国固体废物污染环境防治法》（以下简称《固体废物污染环境防治法》）直接将农村生活垃圾污染环境防治排除在外。《清洁生产促进法》第二十二条虽然规定，农业生产者应当科学地使用化肥、农药、农用薄膜和饲料添加剂，改进种植和养殖技术，实现农产品的优质、无害和农业生产废物的资源化，防止农业环境污染，禁止将有毒、有害废物用作肥料或者用于造田，但是没有对农业生产中污染、破坏环境的行为规定相应的法律责任。强制型环保监管模式作用没有充分发挥。经济型环保监管模式也对农民节约资源、减少化肥、保护环境的激励不足，效果并不明显。

2. 农民是环境成本的承担者

自然资源丰富本是农村地区的一大优势。城市经济增长很大程度上依赖于自然资源的消耗，例如开发矿产资源为工业提供原材料，耗竭地力和其他资源种养、提供城市居民所需的初级农产品。通过这些开发及种植活动，自然资源（农产品从自然环境中获取的营养物质）从农村转移到城市，在带动城市经济增长的同时也造成了农村的生态破坏和地力耗竭，然而这一成本却由农民承担。为了维系生计、提升自身生活水平，农民千方百计提升粮食蔬菜等农作物产量，没有过多考虑甚至不惜牺牲长远环境利益，采取围湖造田、毁林开荒、坡地开垦等不科学的办法扩大耕地面积，大量施用化肥农药对农村土壤营养元素的转移进行补偿，造成农村环境污染和水土流失。不仅如此，工业和城市污染向农村转移、污染"上山下乡"问题仍然突出。城市居民相对于农民而言对优美的生态环境更为渴求，在城市居民环境维权的日益高涨的背后，有大量的污染物直接以废弃物的形式从城市转移到农村，最为典型的就是城市生活垃圾和生产垃圾向农村的人为转移，城市中未经过处理的废水、废渣直接排放到环境监管不力的农村地区，造成了农村河流、耕地的污染。据相关报道，我国九成的城市垃圾都被填埋在了农村。高污染产业由城市向农村的转移也造成了严重的农村环境问题。越来越多的重污染企业从排污成本比较高的城市纷纷转向了经济文化相对落后、对环境要求低的农村地区，通过联营、委托加工、技术转让等方式在农村安营扎寨，继续牟取经济利益，肆无忌惮地进行高污染。城市经济与环境协调发展的同时，却将这一发展所消耗的沉重成本转嫁到了农民身上。

3. 农民是环境问题的受害者

农村环境的恶化首当其冲的受害者就是生于斯、长于斯的农民。农村在为城市装满"米袋子""菜篮子"时，出现了地力衰竭、生态退化、农业资源污染等各种环境污染问题。遍地垃圾、污水横流，农村人居环境脏乱差已经是由来已久的问题，更严重的是"癌症村""怪病村"的报道屡见不鲜，农村环境污染带来的群体性事件也屡见报端。尽管农民人数众多，但他们组织化程度较低、力量分散、软弱，导致在与政府、企业的博弈中往往处于弱势地位。在表达环境利益诉求时，出于对政府的不信任和节约诉讼成本的考虑，往往通过"私了""托关系"等方式来解决问题，在解决不了问题时又容易转变为一些不当的极端处理方式。留不住乡愁的农村，不仅大量年轻劳动力流失，也难以吸引外来投资获得更多的发展机会。

4. 农民是环境保护的旁观者

参与型环保监管模式以信息的充分公开和公众强烈的环境自律和参与意识为基础，但由于受经济条件、知识水平等限制，农民始终难以直接投身环境保护工作。农民在长期的政府主导型的社会生活中，错误地认为环境保护只是政府该做的事情。农民参与环境保护往往还具有短视的特点，关注的仅限于自己家门口的那一小片区域或者关注从中能获得多少利益和赔偿，在意的往往是征地补偿等与自身短期利益相关的内容，较少考虑相关项目的施工和建成带来的环境影响。而实际上这种认知水平的限制往往和农民受教育水平普遍较低密切相关。各种环境保护宣传活动在城市开展得轰轰烈烈，但在农村却并不普遍，环境教育的推进缺乏法治保障。农村地区法制教育的机会也较少，不少农民不知法、不懂法、不学法、不用法，环境法律意识低下，对生态环境保护认知有限，导致环境责任感严重缺乏，参与环保的动机、能力严重不足。甚至是面对环境侵权，农民的应对措施通常也较为消极和被动，更不用说在环境执法中能够参与到对农村环境污染问题的检举和控告中了。

（三）农民的应然环境角色

1. 农民是优美生态环境的守护者

我国是农业大国，农业人口占总人口的 70% 以上，农民在自然环境中生产生活，任何行为都将直接对自然环境造成影响；良好的农村生态环境也是农民的"生存之根本，发展之必需"，直接影响到农业生产进展和农民生活质量。农民天生就是与大自然最亲密的人类群体，在长期实践中积累了养护自然资源的有效经验，理应是农村优美生态环境的守护者。

2. 农民是生态环境保护的主力军

在现代化进程中，农村地区承担了城市发展的大部分环境成本。广大农民（农村地区）也为发达地区的生态安全做出了牺牲。尤其在不少生态脆弱、贫困且对外部有重要生态影响的"三合一地区"，农民的发展权、环境资源利用权受到很大限制，以至于面临严重的生存问题乃至生存危机。以水土保持为例，一些江河的中上游地区往往是贫困山区，而这些地区也是水土保持的关键地带，那里的植被对下游的水生态平衡乃至安全有着重大影响。农民是社会发展成果、环境利益的共享者，停止伐木、保护天然林的任务便落到了当地农民身上。总之，农民是生态环境保护的主力军，而不应是被拒之门外的"多余人群"。

世界粮农组织在 2007 年粮食及农业状况报告中指出，在所有人类活动中，农业创造的就业人数，以及土地和水的使用量都首屈一指。农业具有使土地、水、大气和生物资源退化或改善的潜力，但要取决于 20 多亿直接依赖种植业、畜牧业、渔业、林业的人们所作出的决定，让他们保有适当的积极性是件大事。完善农村环保监管模式必须充分发挥农民的作用，考虑农民的利益，调动其积极性。只有立足农村环境和经济现状、社会文化传统和农民自身特点，以农民环境角色转变为突破口，才能探索符合我国农村实际的环保监管模式，推动农村社会可持续发展。

第三节　农村环保监管的实践突围

通过前文分析，我们可以得出这样的结论，农村不容乐观的环境形势的背后，体现了现行环保监管模式于农村不适应的体现，更从深层次反映了农民环境角色的错位。无论是哪一种现行环保监管模式的完善，对农民、农业、农村而言都是外源性的，都是在政府主导或市场主导之下，考虑农村环保需要，发挥农村居民环保作用的基础上对现有环保监管模式的调整、改进。即使通过完善现行环保监管模式，使农村居民积极成为环境保护的责任者和监督者，主动配合政府开展监管，为各类环保监管模式在农村的实施提供便利，其作为环境保护主体的作用发挥仍不充分。环境保护仍主要是政府的事，农村居民的参与程度不高，其创造性和积极性仍未得到充分调动。

而由于农村的特殊性，在现行环保监管模式下，一些内源性环境问题得不到有效解决。以金塘村治理生猪养殖污染的实践为例。在《环境保护税法》对农村规模化养殖区别不同情况予以征免税之前，《畜禽业污染管理办法》也只是针对存栏量大于 500 头的规模化养殖场进行环境污染控制和约束，对规模以下养殖专业户、散养农户环境行为缺乏有效规制。生猪养殖是金塘村的主要产业，村民家家养猪，猪粪遍地、污水横流、蚊蝇乱飞。连续 8 年征兵体检无一合格，村民看病支出逐年增加。但是，在现行环保监管模式下，对散养农户的环境污染行为的纠正没有法律依据。即使是针对规模以下养殖专业户、散养农户制定相应的畜禽业污染管理办法，也会因为污染源点多面广难以有效监控。而金塘村实行自治型环保监管以来，以村规民约的形式明确新建猪场必须经周围邻里签字同意；对于邻里意见不统一的，交由村环保促进会组织环保自治听证，并请专家提出意见，要求养殖户做出治理承诺，邻里无记名投票表决。该村某养猪大户花了 3 万元，在自家门口建了一个 200 多平方米的猪舍，但因未通过环保自治听证许可，最终不得不拆除，又另花 4 万元在规划的集中养殖区建新的生态养猪场。通过照章办事，村里历来最为突出的养殖污染纠纷问题不仅得到了较好解决，更减少了由此造成的环境污染。

金塘村环境治理实践的自治型环保监管模式是农村居民在实践中自发创造的，主要以环境友好型的村规民约约束、指导农村居民的环境行为的环境保护监督管理手段，是符合环保监管模式的演进规律的。在自治型环保监管模式产生之前，政府调控机制、市场机制、社会自治机制都已经得到相当充分的发展，并且在农村环境保护中都曾经各自或者共同发挥过重要作用。鉴于它们在农村环境保护中各有其优势和难以弥补的不足，自治型环保监管模式得以应运而生，以期解决农村环境保护这一公域之治的失灵问题。自治型这一草根式的环保监管模式从无到有、自下而上并在实践中蓬勃发展，使农村居民体会到前所未有的主人翁意识，迸发出前所未有的环境保护动力和热情，不失为一种内源性的农村环境保护方式。在这种自治型环保监管模式下，农民从环境问题的制造者、旁观者转变为环境保护的责任者和监督者，实现了环保资源的充分发掘和培育，构成了农村环境建设的最基本、最适宜的社会空间。这样的环保监管模式才能在农村这片广袤的土地上扎根，才能为亿万农民兄弟所接受，才能真正发挥应有的作用，推动农村社会可持续发展。虽然这种模式得到广泛认可和推广，但是目前对自治型环保监管模式的理论研究不足、制度建构不完善，有待于进一步研究探索。加强对农村自治型环保监管模式的研究，以期推动这一实践中孵化孕育的宝贵经验模式上升到理论层面，进而反哺农村环境保护实践是环境法学者的责任和光荣。对农村环保监管模式进行系统、全面、深入的完善和建构，使之能够在农村广袤土地上扎根、为广大农村居民所接受，提高农村环保监管效率、调动农村居民参与环保监管的积极性，对切实解决农村环境问题也具有重大的现实意义。

第三章　自治型环保监管模式初探

第一节　何为自治型环保监管模式

一、自治型环保监管模式的概念

厘清自治、村民自治、环境自治等关键性概念理应成为自治型环保监管模式研究的逻辑起点。

（一）自治

自治，从字义上理解，就是自己管理自己，指某个人或集体管理其自身事务，并且单独对其行为和命运负责的一种状态。《现代汉语大辞典》对自治的解释为在法律范围内行使管理自己事务的权利。英国政治家戴维·赫尔德认为，自治意味着人类自觉思考、自我反省和自我决定的能力。它包括在私人和公共生活中思考、判断和根据不同可能的行动路线行动的能力。[1]《布莱克维尔政治学百科全书》对"自治"（self-government）做了如下界定："按其字面意思是指自我统治；在通用的政治语言中，亦指实行自我管理的国家，或国家内部享有很大程度的独立和主动性的机构；在政治思想领域，这一术语现在常常用来指个人自由的一个方面。"据此，自治理想或学说在实践上至少表现为四个层次：第一层次也是最低层次，是人们的注意力局限

1　戴维·赫尔德.民主的模式［M］.燕继荣，等译.北京：中央编译出版社，1998.

于文化自主，即在文学、艺术信仰和教育方面无约束的自我表达的权利；第二个层次则是法律的自主和权利；第三个层次是内部政治自主或本土管辖，即由共同体代表们来控制本共同体的经济、社会和政治事务；最后一个层次亦是最高层次，自治在单独一个共同体组成国家的形态上，等同于永久独立，因此是"民族国家"[1]。本书研究的自治当属第三个层次，即特定共同体内部的自主管理。与"他治"相对，自治要求共同体成员成为自己的主人，自己统治自己，自主治理个人的与公共的事务。"自治意味着不像他治那样，由外人制定团体的章程，而是由团体的成员按其本质制定章程（而且不管它是如何进行的）。"[2]"自治的概念，为了不致失去任何明确性，是与一个根据其特征以某种方式可以划定界线的人员圈子存在相关联的，哪怕特征会有所变化，这个人员圈子依据默契或者章程，服从一项原则上可由它独立自主修订的特别法。"[3]自治在理论上包括三个层面的含义：一是个人自主治理私人事务，他人无权干涉；二是个人有权参与治理本共同体的公共事务，他人无权干涉；三是共同体成员自主治理本共同体的公共事务，共同体之外任何个人和组织无权干涉。社会自治的兴起与实践则推动了社会治理结构的变革。社会自治是我国当前深化改革进程的重要环节。2013 年 11 月，十八届三中全会提出"实现政府治理和社会自我调节、居民自治良性互动"，"正确处理政府和社会关系，加快实施政社分开，推进社会组织明确权责、依法自治、发挥作用"。在我国，除了民族区域自治外，目前实行的社会自治主要体现在三个方面，即农村村民自治、城市居民自治和行业自治。其中，最有影响也是最为重要的无疑是村民自治。环境保护作为全社会关注和参与的热点领域，具有社会自治的基础条件和巨大潜力。

---

1 邓正来. 布莱克维尔政治学百科全书 [M]. 修订版. 北京：中国政法大学出版社，2002：745.
2 马克斯·韦伯. 经济与社会：上卷 [M]. 林荣远，译. 北京：商务印书馆，1997：78.
3 马克斯·韦伯. 经济与社会：下卷 [M]. 林荣远，译. 北京：商务印书馆，1997：56.

（二）村民自治与村民

1. 村民自治

自 1980 年 2 月以广西宜山县三岔公社冷水村为首的一群农村居民自发创造我国第一批村民委员会组织的星星之火从实践上的推行得到国家法律层面的认可，村民自治就对国家与农村社会关系进行了制度化的重构。表现为由于宪法和法律的制度安排，村民自治条件下国家的组织边界止于乡镇政权；村民委员会授权主体由乡镇政府转向村级社区的选民，意味着以"命令—服从"为特征的传统国家与农村社会的关系模式开始瓦解；村民委员会实际上又扮演了农村社会"自组织"的角色，成为联系国家与农村社会的桥梁和代理人；国家与农村社会关系的组织化、实体化和法律化，保证了国家对农村社会的动员与整合。[1]《宪法》和《中华人民共和国村民委员会组织法》认可和构建了村民自治这一基层民主制度，但是并没有给出村民自治的明确定义。结合相关法规对村民委员会性质的界定，可以将村民自治定义为村民通过民主选举、民主监督、民主决策和民主管理的渠道和形式，以村民委员会为依托组织，对本村公共事务和公益事业依法进行管理、参与的法律行为与制度。

2. 村民

对"村民"这一村民自治的基础性概念的界定也一直存在模糊不清的状况。从历史渊源上看，村民是村落居民的简称，村落是根据农业生产需要与从农业生产中获得和满足基本生活需要而出现的。村落是为群居者提供生活条件的场所，群居者则是在村落进行生活与生育的村民。只要在这里居住并在这里生活，实际就取得了村民的资格。《现代汉语辞典》将村民解释为乡村居民，但是缺少相应的法律界定与解释。笔者认为，随着改革的不断深入，农村的社会、经济结构发

---

1 金太军，王运生.村民自治对国家与农村社会关系的制度化重构［J］.文史哲，2002（2）：151–156.

生了很大变化，农村社会多元化与复杂化条件下村民的内涵与外延也必然发生变化，概念性的问题不理顺、不界定，不仅影响村民自治的作用发挥，而且不利于按照"生产发展、生活宽裕、乡风文明、村容整洁、管理民主"的要求落实和实施乡村振兴战略。首先，村民不等于农民。村是社会的基本组织结构，是社会最基层的组织细胞。从传统的社会认知和一些文件上看，乡村概念对应的是城市，所以才有城乡一体化的提法。乡村里的村庄对应的是城市里的社区，所以才有城市里的"××居民委员会"和乡村里的"××村民委员会"的组织设置，也才会有《中华人民共和国城市居民委员会组织法》和《村民委员会组织法》两部法律的出台。其中，《村民委员会组织法》里面的用词是"村民"而非"农民"，也就是说这部法律的出台已经充分注意到了"村民"与"农民"这两个概念有着本质的区别，尽管在当时我国村民的形象总是与种田相联系，从社会分工和就业范围上看整体上可划入农民层面。如今，在实行城乡一体化和社会主义新农村的建设中，数以万计的村民已经与农业生产不再相干，无论他们从事商业还是工业，只要他们居住在乡村都可归为村民。由于我国的户籍管理与就业、医疗、住房等多项社会福利待遇紧密相关，无论在研究中还是在日常生活的语境中，人们谈到"农民"时想到的都是一种社会等级、一种身份或准身份、一种生存状态。乡村对应城市，村民对应市民，从某种意义上讲，村民才是一种身份概念；农民对应的是工人，"从事农业生产的劳动者"是农民概念的核心。从法律和严格意义上讲，农民、工人、知识分子等都是劳动者，只是分工不同、从事的行业不同。只有把农民当作职业而不是身份，才好解释和界定村民的概念。本书所探讨的自治型环保监管模式，其主体是农村居民、村民，书中若干处"农民"的使用主要是基于约定俗成的表述习惯，如农民、农业和农村，并非对农民和村民概念的混淆和误用。其次，户籍不是认定村民的唯一标准。随着城乡户籍制度改革的推进和不同地区人口流动限制的取消，农村社会的结构发生了很大的变化。一方面，大量的青壮年人口外出务工、定居城市，成为所谓的"农民工""新公民"；另一方面，农村也散居着农转非、离职回乡、离退休等大量非农业户籍人员，他们同样享受村里的交通、通信、教育、医疗卫生、广播电视等社会福利，甚至就住在村里有固定住房从事教书、信贷、农产品加工等职业。有一些经济较发达的村庄，甚至吸引了大量的外来人口长期居住务工、务农。这一部分人该不该成为村民，该不该成为村民自治、新农村建设的主体是一个亟须解决的问题。2010 年修订的《村民委员会组织法》已经对此进行了一定的变通，第十三条第二款规定，村民委员会选举前，应当对下列人员进行登记，列入参加选举的村民名单：①户籍在本村，不在本村居住，本人表示参加选举的村民；②户籍不在本村，在本村居住一年以上，本人申请参加选举，并且经村民会议或者村民代表会议同意参加选举的公民。关于村民资格的认定，既要尊重我国农村的生产生活传统，又要充分考虑经济生活快速变迁的现实。由于土地承包经营权、宅基地使用权、村集体收益分享权等一系列经济利益和村民身份紧密相连，对于我国大部分农村地区的村民而言，土地仍是主要的生活来源，基于本村户籍而拥有村民资格，并享有或优先享有集体土地的承包经营权、分享村集体收益，对于大部分地区的村民来讲，仍是一个不能回避的客观现实。[1] 但是随着社会的发展，户籍制度的作用必将进一步淡化，不以户籍为依据，而以居住为条件，以在村庄居住的权利义务相统一来确定村民概念更符合社会发展趋势和客观实际。在实践中，已经有一些经济发达地区的村庄有条件接收外来人口作为本村村民，不少经济欠发达地区的村庄也以村民自治章程的形式承认非农村户籍人口的村民资格。综合起来，村民是在一定时期内，居住在某一乡村区域并履行相应义务的自然人，既包括户籍在本村的自然人，也包括户籍不在本村但在本村长

1　任自力.村民自治若干基本概念的法学思考［J］.国家行政学院学报，2007（3）：38-41.

期居住、承担了本村村民基本义务的自然人。各村可以通过村民会议或制定村民自治章程确定适合本村实际的具体认定标准。

（三）农村环境自治

多元化的公共治理模式正在取代传统的管理模式，社会自治的作用日益彰显。由于环境法兼有公法和私法的属性，加之环境权具有公权和私权的双重性质，所以环境管理制度和环境管理手段能够更灵活、更多元化。环境自治正是适应这种需求而产生的新型管理模式。作为一种社会自治，环境自治是在公民社会背景下，由非政府社会组织或公众对环境保护事务的一种自我管理、自我服务和自我教育的一种治理模式。[1] 它不是传统公共政治权力运用于生态环境领域中的环境政治活动，不是传统经济学意义上以营利为目的的环境经济行为，也不是传统官僚制管理模式下的环境管理制度，而是建立在环境伦理高度自觉基础上的一种社会自我环境服务方式。[2]

1. 农村

什么是农村？虽然农村作为"三农"问题的重要内容之一频繁出现在国家政策与法律中，但是目前并没有关于"农村"的法律定义。笔者认为，随着社会的发展进步，农村的内涵不断发生着变化，应当在城乡统筹发展的背景下从农业现代化、农民迁居自由化、农村城市化的发展趋势来认识我国农村的性质和特点。首先，农村不等于从事农业生产的区域。改革开放以来，以生产资料所有制变革为根本，农村经济结构已经由单一化转向多元化，即便是"大农业"的概念也无法涵盖[3]；季节性农业生产逐步并正在被现代农业生产方式所替代，农民存在普遍的兼业化现象。农村生产活动正在经历从单一化的粮食

1　陈叶兰. 论环境社会自治与法治的关系 [J]. 法学杂志，2011，32（8）：28-31.
2　黄爱宝. 走向社会环境自治：内涵、价值与政府责任 [J]. 理论探讨，2009（1）：5-8.
3　一般认为，传统农业是指种植业，包括生产粮食作物、经济作物、饲料作物和绿肥等农作物的生产活动，此为狭义农业，即常说的"小农业"概念。"大农业"是指广义上的农业，包括种植业、林业、畜牧业、渔业、副业五种产业形式。

生产向产业化经营、传统农业向现代农业、农业向工业的多种转变。其次，农村不等于农民居住或生存发展的区域。虽然在世界范围内农民的概念经过了长时期的争论，但迄今都没有一个统一的结果，直接导致人们在研究农民问题时针对的可能不是同一个主题。著名英国人类学家 M. 布洛克曾说：学术界"在议论究竟什么是农民时面临巨大困难"。国际上权威工具书《新帕尔格雷夫经济学大辞典》关于"农民"（Peasants）的词条也困惑地写道："很少有哪个名词像'农民'这样给农村社会学家、人类学家和经济学家造成这么多困难。"而在我国，认定农民时用了一个极为简单的办法，即户籍标准。1958 年 1 月《中华人民共和国户口登记条例》正式实施以后，我国形成了农村户口和城市户口"二元结构"的户籍管理体制。凡是具有城镇户口的居民（不管他从事何种职业）就是城市居民；具有农村户口的居民（不管他从事何种职业）就是农民。这是我国目前法律上确认农民的唯一标准，即把农民演变成了身为"农业户口"者的代名词。随着农民迁居自由化的发展趋势，大量的青壮年人口外出务工，定居城市，成为所谓的"农民工""新公民"。农村是以从事农业生产为主的农业人口生产、生活的区域，即使某个区域经常居住的主要人口是农民，但他们没有从事农业生产，该地区也不能视为农村。如广东东莞市常住人口 100 万人，另有 500 万流动人口是从农村前来打工的农民。但是由于这些农民没有从事农业生产，因而东莞不能算农村。[1] 最后，我国的现代化建设转入了城乡一体化发展的新时期，要求把工业与农业、城市与乡村、城镇居民与农村居民作为一个整体，统筹谋划，综合研究，通过体制改革和政策调整，破除城乡二元结构。随着城市化、工业化和其他现代化进程的发展所带来的农村剩余劳动力向城市转移、城乡土地统一规划整理等变化，城乡一体化虽旨在消除不合理差异而非消灭农村，却必然造成某个村庄和集镇缩小、扩大、消失或转变为城镇，

1　蔡守秋，吴贤静 . 农村环境保护法治建设的成就、问题和改进［J］. 当代法学，2009，23（1）：68-76.

作为各种集镇和村庄的总和的农村其总面积会缩小，总人口会减少。[1]
例如，随着农村城镇化的快速推进，东部地区部分传统的村、镇的现代化程度、城市化水平甚至超过了西部省份的一些县、市。在这些地区，农民的生产生活方式发生了很大变化，当地的环境状况、环境问题的特点也发生了改变，也不宜归入"农村"。因此，蔡守秋在《论农村环境保护法规制的主要领域》一文中将农村的概念界定为，以从事农业生产为主的农民为主要部分的人们作为其聚居地和经常生产场所的区域。

2. 环境自治

长期以来，我国环境保护工作主要由政府主导、行政推动，随着环境压力的持续累积，政府不仅面临力不从心的困境，也容易事倍功半，甚至引发权力寻租等恶果。近年来一些与环境相关的群体性事件充分暴露出政府、公众与污染企业或项目单位之间缺乏互信、沟通协商机制不足。加强环境保护的社会自治，是改变行政推动模式、缓解环境污染、推动生态文明体制机制创新的迫切之举。环境社会自治是指对一些不需要政府主导的环境事务，可以由某一种或几种社会力量，包括居民个人、社会自治组织或者以围绕某项环境保护具体事务的公众临时组成的群体，以及环保 NGO、企业、媒体和律师等自行主导完成，政府、法院或其他社会力量仅仅在必要时予以协助。例如，政府在诉讼过程中协助提供法律依据或监测数据，通过学校、社区、媒体、环境宣传教育基地等多渠道提高居民环境意识和理性参与环保事务的水平，为居民自身的垃圾分类等绿色行为以及居民自发开展的合法环保公益活动提供软硬件方面的最大便利等。环境社会自治不只是权利的要求，更应该在法制框架下明确和履行有关各方的权责。广义地说，任何不是由政府主导的环境治理行为都可以称作环境社会自治。通过社会自治，不仅可以充分发挥社会力量的基础性作用，使之成为制约

1　蔡守秋.论农村环境保护法规制的主要领域[J].中国地质大学学报：社会科学版，2008，8（6）：1-6.

环境破坏者的基本对冲力量，大幅降低环境治理成本，而且对保障环境民主与环境平等也有重要价值。容易与环境社会自治发生混淆的是环保公众参与。公众参与是我国环境保护的法宝之一，概念范围相对更宽泛，是指"公民、法人和其他组织自觉自愿参与环境立法、执法、司法、守法等事务以及与环境相关的开发、利用、保护和改善等活动"。在这一概念下，公众仅仅是环境事务的参与者，不一定是直接利益相关者，也不一定是环境保护具体事务的主导者。例如，人大立法、政府决策、建设项目环评等过程中虽然有公众参与，但这些事务仍然是由政府或其他机构主导。环境保护社会自治更多体现在：①对社区日常环境事务的管理，包括征集社区居民的具体意见和建议，社区居民间就某些环境事务的解决进行协商共治、集体抉择与监督甚至冲突协调，以及社规民约的共同拟定执行等。②污染举报与披露，指向政府举报或向媒体披露身边的环境问题。③环境私益与公益诉讼。④与政府或企业就环境问题的规避与处理开展对话。⑤组织或参与环境宣传教育，如绿色课程、环保展览、评奖授誉、公益筹款，以及实践环保行为，如垃圾分类、废物再利用、绿色出行、植树造林，等等。公众参与环境保护与环境自治的本质区别在于，社会力量在环境保护中的地位不同。前者是环境保护是政府的事，公众只是"参与"进去，而后者强调社会公众是环境保护的主要力量之一，环境保护就是自己的事，这是两种完全不同的环保监管模式。

3. 农村环境自治

农村环境自治是农村环境自治主体，依据自治章程对一定区域内的农村环境进行自我管理。农村环境自治的目标分为两个层次，第一个层次是发挥农村居民在农村环境保护中的主体作用。农村居民天生就是与大自然最亲密的人类群体，在长期实践中积累了养护自然资源的有效经验，形成了颇为合理的人与自然环境的互动关系。因此，农村居民理应是农村优美生态环境的守护者，环境保护的主力军。随着农村社会经济的发展，农村居民的环境意识不断增强，生态维权意识急剧上升，对自己赖以生存的环境日益关注，希望在农村环境保护中发挥更大作用，甚至不乏为维护环境权益进行暴力抗争者。农村环境自治充分发挥农村居民的作用，考虑农村居民的利益，调动农村居民的积极性，农村居民主体意识得到进一步激发，环境管理能力得到不断提高。第二个层次是农村居民环境权利的实现。环境权是在全球环境恶化的过程中逐渐被人们所认知并得到法律确认的。1972 年的《人类环境宣言》第一条庄严宣告："人类有权在一种能够过尊严和福利的生活环境中，享有自由、平等和充足的生活条件的基本权利，并且负有保护和改善这一代和将来的世世代代的环境的庄严责任。"农村居民环境权是指农村居民享有的在健康、安全和舒适的环境中生产和生活的权利。而事实上由于农业生产生活污染、城市污染物转移等原因，环境污染和破坏日益成为农村居民健康和生产"隐形杀手"。农村居民的环境权利不仅受到了侵害，其权利本身也因我国特有的城乡二元制结构被制度性消解，与城市居民相比，农村居民环境参与权、环境知情权、环境请求权等各方面都保护不足——环境知情权获取渠道少、参与权缺位、环境侵害救济权得不到实现。而在环境自治模式之下，农村居民充分了解周围的环境信息，充分表达自己的环境意愿，充分维护自身的环境利益，对所在村庄的环境事务自主决策、自主管理、自主监督。其环境知情权、环境参与权、环境监督权、环境请求权等程序性的环境权益在进行环境自治的过程中得到充分保障，随之实现的是清洁水权、清洁空气权等实体性环境权益，进而使农村环境面貌得到根本的改善，也为农业安全生产奠定必要的基础条件。

需要进一步明确的是农村环境自治与村民自治之间的关系。村民自治是社会自治在农村这一特殊区域的具体实现方式，是广大农民群众直接行使民主权利，依法办理自己的事情，创造自己的幸福生活，实行自我管理、自我教育、自我服务的制度安排。村民自治的范围是农村社会公共事务和公共产品的提供。而农村环境保护事务是农村社会公共事务的当然组成部分。在农村环境保护中的村民自治，其任务依然也是发挥农村居民的主体作用，保护农村居民的环境权益，改善农村环境，这与农村环境自治的目标是完全一致的。环境自治是社会自治在生态环境领域中的具体模式。农村环境自治就是以农村群众高度自觉的环境伦理为基础，通过充分参与实现的一种自我环境治理和环境服务，其本质上是村民自治重要组成部分，是村民自治任务中的一项重要内容。因此，试图区分和剥离农村环境自治与村民自治是徒劳且没有必要的。而以村民自治为基础来构建和完善农村环境自治具有很强的现实可行性。例如，中山大学李挚萍教授 2006 年针对农村居民希望采取什么方式改变环境污染状况进行了一项调查，调查数据显示，40.8% 的农村居民选择"向村委会反映情况"，选择"向政府有关部门反映情况""找污染者协商解决""选择向法院起诉""上访"的比例分别为 34.4%、9.2%、1.9% 和 0.8%。这既说明农村基层自治组织受到农村居民的广泛认可和依赖，也说明村民委员会在处理农村环境问题时能扮演更重要的角色。

（四）自治型环保监管模式

自治型环保监管模式是以农村居民（农村环保自治组织）为主要监管主体，以村民自治（村民环境自治）为主要监管手段，通过农村居民自主管理环境事务，实现农村自然资源风险最小化利用，环境资源有效保护的制度化环境治理方式。首先，自治型环保监管是在农村这一特定地区范围内，由村民在本村范围内民主行使环境自治权的活动。在我国许多城市如火如荼进行的自治型环保监管不在本书的研究范围。而当涉及公共意图或集体物品时，组织或集体的行动是不可或缺的。农村环保自治组织将分散的农村居民个人和分散拥有的个人环境权利集合起来，形成共同的意志和诉求，形成集体的力量，有效发挥农村居民在农村环保监管中的主体作用。自治型环保监管模式的指导思想是承认村民及其集体是当地自然资源（法定属于国家的除外）的主人，充分相信村民具有管理好本地区资源的能力，以引导村民民主参与环境管理，有组织地、自觉地保护他们的美好家园。自治型环保监管模式使村民成为环保的直接责任者，实现了环保资源的充分发掘和培育，构成了农村环境建设的最基本、最适宜的社会空间。其次，村民环境自治是自治型环保监管的主要手段。如果说强制型环保监管模式强调政府的管制，经济型环保监管模式强调市场的激励，参与型环保监管模式强调公众的推动，协议型环保监管模式强调企业的参与，自治型环保监管模式则是强调村民的自治，即农村居民通过协商、谈判、磨合形成和建立良好的环境保护和资源利用制度，为本村范围内的相对人设立环保行为准则，并通过调解环境纠纷、监督相对人的环境行为等加以执行。环境自治权的具体内容包括环境管理章程制定权、环境事务处理权、环境参与权、环境保护收益权和环境权益损害救济权等。环境自治权的有效行使，可实现村民个人环境利益和集体环境整体利益的维护。最后，村民环境自治不是自治型环保监管的唯一手段。环境善治，参照俞可平对善治的定义，就是各类环保监管主体通过竞争与合作使环境利益最大化的社会管理过程。自治型环保监管要实现善治的目标，必须通过"竞争—合作"对政府机制、市场机制和社会自治机制进行有效协调，[1] 竞争是相对于垄断而言的。经济市场化和政治民主化为政府改变环境保护的垄断性角色创造了条件，政府进而从管不了也管不好的领域退出，着眼于实现环境政策制定、环境规划、提供重大环境公共产品、环境监督管理以及环境教育等职能。

1　罗豪才、宋功德在《公域之治的转型：对公共治理与公法互动关系的一种透视》中指出，尽管公共治理的初衷是集政府机制、市场机制和社会自治机制三者之长，旨在最优配置社会资源的基础上公平分配社会财富，但如果公法制度安排不当，那么这种综合性机制就有可能适得其反，反倒集三者之短，导致治理失败。例如在机制整合的过程中，公权力可能出现越位、错位、缺位、不到位的并存，其正面效应因滥用或误用得不到充分发挥，而负面效应却暴露无遗。再如，公共权力有可能看似因参与权的扩大而拓展，实则有可能因公共权力的非理性运作而致权力质量大为下降，公民自由非但没有与公民权利的拓展同步增长，反而下降，造成公民权利徒具形式。又如，从公共权力、公民权利关系的角度来看，公共机构与公民有可能无法形成良性互动，只能处于对抗状态，或者有可能发展不同步，二者无法形成合力。

执行国家相关政策，监督本村内企业、村民的环境行为，提供部分环境服务与公共产品等，完全可以在农村社区进行"自我组织"，如自行建设经营一些小规模的农田灌溉水利设施等。此外，还可以通过市场机制的介入克服资金不足等桎梏，更加高效地提供农村环境公共产品，如农村水利基础设施的 BOT 模式。合作是相对冲突而言的。各类环保监管主体都有其自身的优势和局限性，政府在环境治理上有天然的低效率缺陷，但在区分短期与长远利益、把握可持续发展方向上也有着独特优势。而社区环境自治虽然具有明显的低成本、高效率优势，却因为利益的局限性难以对环境利益进行宏观上的把握。必须根据各自优势、特长，合理划分空间，寻找平衡点。这尤其需要理顺政府与社会，政府与村民（农村环保自治组织）的关系。在自治型环保监管中，政府、村民（农村环保自治组织）作为环境保护的平等参与者，没有管理和被管理、领导和被领导的关系。政府在农村环境自治中是引导地位，不是主导地位；相应地，村民、环保自治组织对政府不再是绝对的依赖和顺从。双方各自发挥比较优势，通过协商、合作，共同完成环境公共产品供给的任务。[1]

二、自治型环保监管模式与其他环保监管模式的区别

（一）自治型环保监管模式的产生是诱致性的

社会制度功能的发挥是相对的、有条件的。当社会制度出现功能失调的时候社会也就面临着制度的变革与创新，惟其如此社会才能保持生机与活力。现阶段，我国环保监管制度在农村地区功能失调、实施不力的状况成为环保监管制度变革与创新的现实需求。制度变迁与创新有强制性与诱致性两种形式。强制性是指这种制度变迁与创新是

1　KARP D G. Values and their effect on pro-environmental behavior［J］. Environment and Behavior，1996，28（1）：111-133.

由政府命令和法律的引入来推行和实现的。诱致性是指这种制度变迁与创新是由一个人或一群人在响应获利机会时自发倡导、组织和实行的。[1]现行的环保监管模式就是随着环保监管理念的嬗变，由政府直接或主导建立的，其产生的过程是一种强制性的制度变迁。而自治型环保监管模式却是一种典型的诱致性制度变迁，表现为农村居民或农村社区为追求环境利益最大化而自发突破环保监管的旧制度选择新制度。自治型环保监管发源于农村内部，由农村居民在现有环保监管模式下无法得到的环境保护参与权和环境、经济利益诱发，是农村居民经验试错、反复博弈的结果。诱致性新制度之所以得以确立，是因为这种新制度使遵循者获得了比其他制度更大的成功和效益。目前，自治型环保监管模式在农村地区良好的实践效果为其最终确立奠定了社会基础。

在自治型环保监管之下，农村居民在各种既有的制约条件下经由行为互动而逐步形成的环境保护的行为规则具备了习惯法的特征。这些规则凝结了农村特定的环境特征、人的自然禀赋、人与自然冲突的信息，是农村居民在反复博弈后形成的在日常生活中必须遵循的"定式"。其特征包括：内生性，即农村居民在长期生活、劳作中逐渐、自然形成的；规则性，其内容、适用条件及相应后果被农村居民传播并保持于生活中；地方性，反映农村这一特定区域范围内的特定人群对自然、环境、社会的理解与认识；稳定性，不能随便修改，出自民间，鲜活地存在于社会生活之中的"活法"与国家法相互协作，共同维持农村社会的环境秩序。

（二）自治型环保监管模式体现了全新的环境民主

基于环境问题的公共性特质，一个国家的民主进程最有可能发达于环境保护领域。环保监管模式从强制型到经济型，再到参与型、协

---

1 刘焯.法社会学［M］.北京：北京大学出版社，2008.

议型的演进轨迹，恰好体现出环境民主是政治转型民主化在环境保护领域的延伸。但是，即使是最能体现环境民主理念的参与型环保监管模式，也仅仅是传统政治参与意义上的环境政治参与，普通公民在政府主导之下通过环境信息公开、环保听证等多种方式参与到环境事务之中，对政府的环境决策产生影响，对各类环境主体的环境行为进行监督。在参与型环保监管模式下，参与仅仅满足于民主的形式，公民并没有成为真正的环保监管主体。[1]

自治型环保监管模式的核心是村民自治，就自治本身而言，它不满足于对治理活动的参与，它要求的是自主管理自身事务，是典型的自主性参与。这种自主本身就是实实在在的而非空洞的和形式上的民主，是对以往任何一种民主形式的超越。在自治型环保监管模式下，村民不再仅仅充当积极配合政府开展监管、为各类环保监管模式在农村的实施提供便利的参与者角色，村民的环境监管主体地位得到塑造、环境意识不断觉醒、生态维权意识急剧上升、多年积累的朴素的生态保护知识得到作用发挥。因此，自治型环保监管模式首先表现为农村环境自治力量与政府平等合作意义上的新型民主，村民依据环保自治章程自主管理本村环境事务，提供一定范围内的环境公共产品；政府从农村社会的环境保护领域"退缩"出来，为农村社会的自我治理留下空间，同时对自治型环保监管模式作用受限层面上的环境资源管理做出有益补充。其次，自治型环保监管模式还是面向未来的环境德制意义上的新型民主。[2] 传统环境法制意义上的民主是指普通公民在法律上应当享有的环境权利和承担的环境义务，这是环境资源法的一项基本原则。[3] 民主制度化是民主建设的首要要求，但是在农村基层，制度的作用和形式是完全不一样的。在以国家法律制度为形式的正式

1　美国学者谢尔·阿尔斯坦在公共参与的阶梯论中将公众参与分为三大阶段八个参与阶梯，即非实质性参与的第一阶段，包括操纵性参与和教育性参与两个阶梯；象征性参与的第二阶段，包括告知性参与、咨询性参与、安抚性参与三个阶梯；实质性参与的第三阶段，包括合作性参与、赋权性参与和自主性参与三个阶梯。参与型环保监管模式下的公众参与，实际运作中往往停留在第二个阶段。

2　FULLER L L. The morality of law [M]. Rev. ed. New Haven: Yale University Press, 1969: 81.

3　黄爱宝. 走向社会环境自治：内涵、价值与政府责任 [J]. 理论探讨, 2009 (1)：5-8.

制度无法满足乡村公共生活需要的情况下，非正式制度可以而且能够起到弥补作用。"中国乡村从根本上讲，它是因习俗和惯例这些没有文字记录的法律进行统治的，借此，中国人能管理自己，他们也一直在管理着自己。如果政府这种东西能不干涉他们的事务，他们倒也乐意让政府靠边稍息。"[1]农村环境自治作为一种社会自治也不是通过传统的法制化或环境法制化路径而实现的。村民进行环境自主监管的依据是通过协商、谈判、磨合形成环保自治章程或环保村规民约，是对农村社会长期环境保护实践中形成的习俗、惯例中合理因素的吸纳和改造。村民在内部各种社会纽带的作用下自觉遵守并依据这些规则进行环境自治。因此，自治型环保监管模式体现了农村社会成员在环境伦理高度自觉基础上进行自我环境服务和自主环境治理的真正的实质性民主。[2]与传统环境政治参与和环境法制意义上的民主相比，自治型环保监管模式标志着一种全新的环境民主形式，是环境民主进步的重要表现和集中反映。

（三）自治型环保监管模式一定程度上改变了农村居民环境弱势群体地位

"弱势群体"一词源自现代社会学理论，不同学科对其内涵和外延的界定不同，研究方法和价值取向也不尽相同。从政治和法律的角度来看，弱势群体是一个相对概念，指在具有可比性的前提下，一部分人群比另一部分人群在经济、文化、体能、职能、处境等方面处于一种相对不利地位，法治社会应从法治公正性出发，对其进行特殊保护，以最大限度缩小弱势群体与强势群体的差距。环境弱势群体是相对于经济、文化、政治弱势群体而言的，是指在自然资源利用、环境权利与生态利益分配与享有等方面处于不利地位的群体。就农村居民

1　林语堂.中国人：全译本［M］.郝志东，沈益洪，译.上海：学林出版社，1994：208.
2　高鸿钧，马剑银，鲁楠，等.法理学阅读文献［M］.北京：清华大学出版社，2010：19.

而言，这种不利状态与他们自身的天赋条件、生活区域密切相关，[1]
但更多的是由于经济社会发展的历史原因造成了我国城乡二元结构的
现状，在不同群体的利益博弈中，农村居民的环境权利受到制度性消
解，与城市居民相比，农村居民在环境参与权、环境知情权、环境请
求权等各方面都保护不足——环境知情权获取渠道少、参与权缺位、
环境侵害救济权得不到实现。

现行环保监管模式以城市设计为基础，却在城市和农村同等适用，
偏离农村实际，忽视农村居民意愿，轻视农村居民力量。就强制型环
保监管模式而言，城市中心主义的环境保护立法是城乡二元结构、城
乡差距在法律制度上的体现。我国的环境保护法律在制定之初多以城
市为管理对象，现行环境法律法规体系基本建立在城市和重要点源污
染防治的基础上。"为城市立法、为工业立法"的思维定式使得有关
农村生产和生活污染的制度性安排严重缺乏。[2]《清洁生产促进法》
第二十二条虽然规定，农业生产者应当科学地使用化肥、农药、农用
薄膜和饲料添加剂，改进种植和养殖技术，实现农产品的优质、无害
和农业生产废物的资源化，防止农业环境污染，禁止将有毒、有害废
物用作肥料或者用于造田，但是没有对农业生产中污染、破坏环境的
行为规定相应的法律责任。在城乡污染转移控制方面，《中华人民共
和国大气污染防治法》（以下简称《大气污染防治法》）和《水污染
防治法》对严重污染大气、水体的要淘汰的设备的转让做出了禁止性
规定，但对污染项目和污染产业没有做出具体的规定，可操作性不强，
农村居民承受的环境利益和经济利益的损害得不到充分、适当的补偿，
其补偿额或赔偿额往往小于实际遭受的损失，污染项目和污染产业由
城市向农村转移的违法成本不高。还有一些环境保护制度由于缺乏对
农村环境问题特点的考察研究根本不适合在农村推行，如排污收费制
度、谁破坏谁补偿制度对解决农村环境污染问题往往因成本过高难以

---

1 黄锡生，关慧.试论对环境弱势群体的生态补偿 [J].环境与可持续发展，2006，31（2）：23–26.
2 吕忠梅.《水污染防治法》修改之我见 [J].法学，2007（11）：136–143.

实现。又以参与式环保监管模式为例。参与型环保监管模式主要着眼于调动以城市居民为主的社会公众积极性，发挥舆论监督的作用，将生态与经济双赢的理念运用于推动城市发展。在参与程序的立法设计上没有考虑到农村居民有限的环境保护意识和保护水平。从具体法律制度上看，农村环境和农村居民的特点没有得到充分考虑，农村居民发挥作用的渠道运行不畅。无论是环境影响评价制度还是公众参与制度，农村居民在信息的获取、评价的参与和救济的获得上都不能得到合理满足。农村居民主要关注与日常生活密切相关的节约用水、用电方面简单的、浅层的环保行为，对较高层次的环保活动，如对环境立法、执法的监督就很少关注，农村居民往往对环境影响公众的意见调查不能很好地予以配合，缺乏向专家进行环境影响咨询的意识，环评座谈会、论证会及听证会中也很少见农村居民的身影。[1]

而自治型环保监管模式首先对农村居民这一环境弱势群体赋权，其次相信农村居民具有自主进行环境治理的能力。在自治型环保监管模式下，农村居民不再被动地参与农村环境保护工作，而是通过相关程序讨论制定有关生态环境保护的村规民约作为本村范围内的环境行为准则；以此为依据，通过环保听证等方式决定本村的环境事务，进行环境监督、解决环境纠纷。例如，打算在某村投资设厂的某企业必须首先向村民公开可能产生的污染、治理方案等环境信息，由村民决定是否同意，若同意设厂则与该村村民（在此应为村民环保自治组织）签订环境保护协议，企业采取农村居民认可的行之有效的方式把污染和损害控制在一定范围内，主动恢复生态环境并对一定范围内的污染予以经济补偿。农村居民是农村环境保护的主力军，本村村民是该村范围内环境保护事务的主要责任者和推动者。作为环保监管的真正主体，农村居民对环境治理的内在热情得到激发，主动从自身的环境利益出发，立足农村环境保护实际，设计和践行科学合理的环境治理方

---

1 康洪，彭振斌，康琼.农民参与是实现农村环境有效管理的重要途径［J］.农业现代化研究，2009，30（5）：579-583.

式，合理安排农村环境事务。同时，村民还是环境保护带来的生态效益和经济利益的享有者，环境保护良性循环的结果使得他们对环境问题有更加清醒的认识，对加强环境保护、遏制环境恶化有强烈的责任感，主动倡导和践行绿色生活方式，有效地维护自身环境权益，同危害环境的行为作斗争。

（四）自治型环保监管模式极大地提高了环境管理效率

没有效率的环保监管无论如何不能算是理想的环保监管。首先，农村居民的生产生活都发生在农村，农村环境与其关系密切，环境污染和破坏直接危害其健康和安全，因此，农村居民对环境问题敏感，对环境治理有内在动力。但无论是哪一种现行环保监管模式对农村居民、农业、农村而言都是外源性的。环境保护仍主要是政府的事，农村居民的参与程度不高，其创造性和积极性仍未得到充分调动。自治型环保监管模式则确立了农村居民的环保监管主体地位，能够提高农村居民对环保监管的支持力度，借助其因地制宜的本土化经验，节省成本，实现成本和效益的最优化。其次，自治型环保监管本质上是一种社会自治。作为一种建立在共同体成员高度伦理自觉基础上的"人人为人人服务"的规范体系，它凭借管理主体的普通化与普遍化以及管理制度的伦理化与自律化等特征，必将在获取与传播相关管理信息、降低与消除相关协调、监督和制裁等管理成本上具有明显的效率优势。这种效率优势也当然地在社会环境自治中得以体现。[1]农村是村民生活的场所，更是一个互动与交流的场域，在充分的交流互动中信息得到充分沟通，长期合作中产生的特殊信任降低了监督成本。而相比较而言，由于政府治理的科层式架构，政府在环境信息上存在获取成本高、信息不全面的缺陷，制定的政策、制度极可能偏离农村这一社会最基层的实际，很难保证实施效果。

1　黄爱宝．走向社会环境自治：内涵、价值与政府责任［J］.理论探讨，2009（1）：5-8.

第二节　自治型环保监管模式的理论证成

一、社会权力论

在对黑格尔的法哲学之批判中，马克思发现了一个从中生长出"社会权力"的广阔的社会生活领域——市民社会，提出市民社会决定国家和法。1844年，马克思在《詹姆斯·穆勒〈政治经济学原理〉一书的摘要》（简称《巴黎札记》）中首次明确使用了社会权力的概念。1847年，随着马克思主义历史唯物主义法学"已成为一套完整的理论体系公开问世"，马克思对社会权力的内涵有了清楚的表述。他在《道德化的批判和批判化的道德》一文中指出，权力分为两类：一种是财产权力，也就是所有者的权力；另一种是政治权力，即国家的权力。从1844年到1871年，随着唯物史观的建立，马克思对社会权力经济本质有了深刻的把握。尤其是1871年巴黎公社的无产阶级政权实践促使马克思对社会权力产生了新的思考。在《法兰西内战》一书中，马克思的社会权力思想也得到了进一步完善，"旧政府权力的合理职能应该从妄图驾驭社会之上的权力那里夺取过来，交给社会的负责公仆"，从而使社会重新政治化。马克思不仅把握住了社会权力经济本质，而且以革命实践为现实材料，进一步论证了其早期就提出的"政治力量向社会力量回归"的思想。[1] 在我国法学界，郭道晖教授在对法治国家和法治社会的二元化和权力的多元化、社会化的研究中最早提出了建立三种权利（力）的观念，即除了国家权力和私人权利之外，还要建立社会权力，分别对应国家、市民社会和公民社会，社会权力即社会主体以其所拥有的社会资源对国家和社会的影响力、支配力。[2] 江平教授进一步指出，国家权力的核心是强制，私人权力的核心是自

1　吕明.马克思社会权力思想及其对中国法治建设的启示［J］.江淮论坛，2007（4）：14-17，22.
2　郭道晖.社会权力与公民社会［M］.南京：译林出版社，2009：3.

由，社会权力的核心是自治。

权力多元化、社会化是社会权力理论的逻辑起点。从权力的历史发生过程来看，原始社会中社会共同体的权力就是一种社会权力，那里的权力是一元的；国家产生以后，国家逐渐成为"凌驾于"社会之上的权力。在西方城邦国家，"其国家权力与社会权力两者是一体的"。在中世纪专制主义国家，"国家权力完全集中在君主或独裁者之手，权力是不分的"。到资本主义社会，随着市场经济的发展，市民社会逐渐与国家分离。国家与社会二元化，资产阶级在没有夺取政权以前，资本就是支配劳动力乃至整个社会和国家的社会权力。资产阶级是先拥有和利用这种"社会权力"去控制社会，然后进一步夺取"国家权力"。随着我国实行市场经济，打破了国家权力一统天下的局面，开始出现"国家—社会"的二元化格局，社会主体开始拥有自己的资源，从而具有运用它影响社会和国家的支配力。由此，公民权利就可转化成社会权力，显示其对国家权力的制衡力量。由此，于国家权力之外，与之并存的又有了一种新型的权力——社会权力。权力出现了多元化现象，标志着民主新世纪的到来。政府虽然仍是治理社会的主导力量，但已不是所有领域唯一的权力中心。人类的社会权力开始逐渐复归于社会，还权于民。很多社会事务已由社会组织运用其社会资源与社会权力来治理。[1]

自治型环保监管的实质是社会权力对农村环境公共事务的治理。这一社会权力具备了权力的三个本质要素。

1. 权力主体

权力是一种社会关系，拥有者或主体若是国家即为国家权力，若为社会组织和公民个人即为社会权力。社会权力的主体是社会主体，主要是政府组织以外的公民和各种社会组织，或称非政府组织，他们是社会权力的核心力量。就自治型环保监管而言，社会权力的主体是

1　詹姆斯·科尔曼.社会理论的基础：中［M］.邓方，译.北京：社会科学文献出版社，1992.

广大农村居民和农村社会组织。享有公民权利，特别是政治权利，是农村居民成为社会权力主体的前提。公民身份意味着公民权。我国宪法中，公民泛指有中国国籍的人，当然地包括农村居民。对公民和公民权解释得最深刻的是马克思。他在《黑格尔法哲学批判》一文中，按政治国家和市民社会两分法，认为"市民社会和国家彼此分离，因此，国家的公民和作为市民社会成员的市民也是彼此分离的。因此，人就不能不使自己在本质上两重化"。他指出，人是处在双重组织中，作为公民，他处在国家组织中；作为市民，他又处在市民组织中。"市民社会和政治国家的分离，必然表现为政治市民即公民脱离市民社会……公民完全是另外一种存在物。"在《论犹太人的问题》一文中，马克思进一步阐述了人的"私人"和"公人"的双重身份。公民即"公人"，是参与社会政治共同体即参与国家公共事务的人，是"政治人"；他们参与国家事务的政治权利即公权利，这种公民权是同政治共同体相结合的权利，其内容是"参加这个共同体，而且是参加政治共同体、参加国家。这些权利属于政治自由范畴，属于公民权利的范畴"。而"私人"，即作为是市民社会的成员的人，是"本来的人"，"即非政治的人，必然表现为自然人"，"这是和公民不同的人"，他们所享有的生命、自由、财产、平等和安全等权利，是"私权利"。这种权利是建立在人与人、个人与社会共同体相分离的基础上的权利，即作为封闭于自身、不受社会（国家）干预的权力，属于私人利益范畴。[1]马克思还将公民权从人权中区分出来，作为一种独立的权利，而只把"市民社会的人"——私人的私权利定义为人权。法国《人权和公民权宣言》也把人权、公民权视为并列的两种权利。《牛津法律大辞典》对公民权做了如下诠释："公民权或公民自由权虽然与个人权利或自由权部分相吻合，但他们更多的是属于各种社会和公共利益方面的权利，而不仅仅是个人利益方面的权利。与其说是个人或团体

---

[1] 郭道晖.社会权力与公民社会［M］.南京：译林出版社，2009：257.

可以在法律的范围内做什么，还不如说他们可以要求什么。"[1] 因此，公民权主要是一种为公共事业、公益事业效力的公权利，在自治型环保监管实践中就具体化为效力农村环境保护公共事务的公权利，是对为民服务的国家公权力的补充和促进。农村居民运用其拥有的社会资源，对外施加影响力、支配力，使参与农村环境保护公共事务的公权利转化为公权力。而当涉及公共意图或集体物品时，组织或集体的行动是不可或缺的。如果这些权利（权力）仅由农村居民个人分散行使，其影响力很小，很难形成较大的影响力和支配力。而组织起来并成为一个利益团体，则能够将分散的农村居民个人和分散拥有的个人权利集合起来，形成共同的意志和诉求，形成集体的力量，从而转化为强大的社会权力。组织是通往政治权力之路，是稳定的基础，也是政治自主的前提。一个运转良好的组织能够通过自身产生社会资源，如人际纽带的加强、社会规范的呈现等。

村民委员会是我国基层群众性自治组织。它不隶属于乡镇政府，但其设置又与人大和政府各机构一并列入《宪法》第三章"国家机构"之中。《宪法》第一百一十一条规定，"城市和农村按居民居住地区设立的居民委员会或者村民委员会是基层群众性自治组织。居民委员会、村民委员会的主任、副主任和委员由居民选举。居民委员会、村民委员会同基层政权的相互关系由法律规定。居民委员会、村民委员会设人民调解、治安保卫、公共卫生等委员会，办理本居住地区的公共事务和公益事业，调解民间纠纷，协助维护社会治安，并且向人民政府反映群众的意见、要求和提出建议"。这一特殊的宪法地位，使得村民委员会区别于农村其他社会组织。村民自治作为村民自我管理、自我教育、自我服务的制度安排，主要任务就是组织自治成员管理农村公共事务、提供农村公共产品，农村环境保护事务是其当然的自治范畴，是村民自治组织的任务之一。当前，我国民间组织的成长

1　戴维·M.沃克.牛津法律大辞典［M］.北京社会与科技发展研究所，译.北京：光明日报出版社，1988：164.

还受到一些掣肘，九成非政府环保组织因登记制度门槛过高迄今无合法身份，难以开展活动。而且受资金和人力等的限制，环保 NGO 的力量几乎还没有触及到农村，短时间内也很难创建出更多的农村环境保护组织和机构，因此以村民自治为基础来构建农村自治型环保监管模式，以农村现有的基层自治组织为农村环境保护公共事务的最核心的社会权力主体具有重要的现实意义。首先，村民委员会作为农村生产生活的基层单位，最了解和熟悉本村的环境资源状况，最了解农村居民的环境需求，能够针对本村资源滥用和环境污染的状况提出解决方案、制定规章制度，在落实承包责任制的同时落实环境保护责任，引导和督促村民以可持续的方式管理自然资源。其次，村委会不属于政府体制，村委会对农村居民的关切往往会超过政府机构对管理对象的关切程度。再者，村委会的民主决策机制，能让村委会的环境决策更符合村民的意愿；村委会的灵活决策方式，也使之能根据环境状况变化和村民环境需求及时调整决策，从而能得到村民的积极响应和遵守。最后，村民委员会的特殊性质使其在农村基层社会中既是村民与政府的桥梁，又是村民集体的代表，能够综合调动所有的社会资源和社会力量投入农村环境治理，构建农村环境保护整体网络。

2. 拥有相当的社会资源

要成为社会权力，单靠权利这一法律资源还不够，必须拥有一定的社会资源，这是行使权力的能源，否则就没有能力对相对人施加影响，就不会产生社会权力。在农村环境自治中，社会权力所拥有的社会资源包括物质资源（人、财、物、资本、信息等）与精神资源（道德习俗、社会舆论、民心民意），还包括组织（基层群众自治组织、农村专业合作社、民间环保组织）以及农村家族、宗族等特殊势力。如《村民委员会组织法》对村民委员会的性质、地位、职责、产生方式、组织机构和工作方式等作了全面的规定，由村民委员会主持村民实行环境自治，有坚实的群众基础和广泛的号召力。据广东省政协委员廖建航对广东省 23 个自然村的抽样调查，75％以上的村民反映村民自治组织是能发挥环境保护核心作用的，80％以上的村民希望在政府和村民自治组织的领导下保护好身边的环境。[1] 又如，集体经济也是最为重要的治理基础，能够为治理主体实施有效治理提供直接的物质资源。在土地集体所有制基础上，一些农村成立了村级集体经济组织，这些经济组织凭借村庄已有经济资源，带领村民获取更大的经济利益，同时拓展了主体及其他经济资源，如市场资源、企业资源等；在一些没有成立集体经济组织的村庄，村民委员会与村党支部实际上履行着部分集体经济组织的职能。近年来形成的各种村办企业、村企合作、乡村旅游产业、乡村农家乐等经济资源大大激活了乡村各种非体制内治理主体，合理、有效地利用经济资源参与治理。[2] 下文的自治型环保监管模式实证考量部分还将对以上社会资源作详细的分析论述。

3. 具有对国家和社会的影响力和支配力

首先，以社会权力制约国家权力，支持和监督国家权力依法、正当、有序运作。第一是分权，将本应属于社会主体的权力从国家权力中分离出来，回归社会权力。由于现代经济和科技的迅猛发展，社会利益诉求极其多样化和复杂化，政府的资源与能力有限，信息优势不免失灵，国家权力鞭长莫及。在自治型环保监管中，社会主体自觉地利用他们的社会资源，运用自主的社会权力弥补和补救国家权力主导实施的现行环保监管方式的不足，解决迫切需要重视的农村环境问题，维护自身的环境利益。这样既减少了国家权力的负担，又使权力适度分散，改变国家权力过度集中的状况。第二是参权，使国家权力朝着有利于农村居民群体利益的方向倾斜。集中和反映农村居民群体的意见和要求，影响国家行政、司法以及立法活动的决策和执行过程；为

1　陈叶兰.论村民自治与农村环境自治的有机结合［J］.池州学院学报，2011，25（5）：32–35.
2　任艳妮.乡村治理主体围绕治理资源多元化合作路径探析［J］.农村经济，2011（6）：19–23.

国家的环境治理工作提供社情、民意的依据；为环境立法、行政和司法活动贡献在生产时间中积累的环境保护经验和制度财富；主动获取环境信息、参与环境影响评价，促进环境信息公开和透明。第三是监权，通过公权利如检举监督权等的集体行使形成社会权力，监督国家权力，既支持政府维护和保障农村居民环境利益的举措，又遏制、抗衡、扭转政府的不法和侵权行为。在 GDP 至上的传统政绩观和考核评价体系之下，重经济轻环保的观念在地方上仍存有很大市场，许多政府部门不惜为污染严重的纳税大户大开绿灯，社会权力的监督和制约尤为重要。需要特别指出的是，面对无法及时有效解决的环境污染问题，群体性暴力抗污事件近年来在农村频频上演，这并不是社会权力对国家权力监督的正常方式，而是受害村民在健康与生存环境遭受严重威胁时，无法通过正规渠道使污染问题得到及时有效解决的情况下的一种无奈选择。其次，以社会权力制约社会权力，维护农村居民弱势群体的环境利益。自改革开放以来，变计划经济为市场经济，变"国家—社会"一体化为二元化，社会利益群体日益多元化，社会主体也多元化，他们都需要有各自的组织来代表、表达、维护其不同的诉求。在涉及共同利益的范围内，不同社会群体和社会组织在行使各自的社会权力时，可以相互支持和配合，形成强大的社会舆论或社会运动，以扩大其影响力和支配力。但是，任何权力都有扩张性，都可能侵犯其他社会主体的权益。例如，落户农村的企业，以资本为其社会资源，通过增加农村就业人员、增加税收、带动当地农村经济发展，产生影响力和支配力。但如果该企业一味追求经济利益的最大化，违规偷排污染物，势必侵犯当地村民的环境利益。村民群体得以自己的社会权力与之抗衡，与企业签订环保协议，监督企业的排污状况，要求企业治理环境，等等。最后，以社会权力制约社员权利，要求组织内部成员遵守规则。社会权力在社会组织内部是管理其组织与成员的行政权力。它一方面对私权利起到保护、激励的作用，另一方面也防止私权的滥用侵犯其他成员、本组织以及社会利益。

在自治型环保监管中，社会权力主体运用其拥有的社会资源，行使环境知情权、环境参与权、环境保护监督权等程序性环境权，制约国家权力和其他社会权力，进而保障农村居民清洁水权、清洁空气权等实体性环境权益的实现，并保护和改善农村整体生态环境。但这一社会权力本身同样需要监督与制衡。首先是以国家权力制约社会权力。国家对社会权力的制约强调法律约束，任何社会组织的成立和活动都必须遵守国家宪法和法律。农村环保村规民约的制定和实施必须以法律为准绳，不得与宪法、法律、法规和国家的政策相抵触，不得有侵犯村民的人身权利、民主权利和合法财产权的内容。但国家权力对社会权力限制的目的仍在于保障其正当的活动自由，不宜限制得过死，更不得逾越界限对社会权力进行不必要的干涉。其次是以社会权力制约社会权力。这可以通过社会组织之间的相互竞争与相互监督来进行。通过社会组织去制止某些社会组织和个人对环境污染、对其他组织或个人的侵害，一定程度上比政府权力的直接干预还更便捷、更合情理和更节约成本。如环保 NGO 具有环保、组织方面的专业性和技术性人才，可以向村民委员会提供环境保护方面的决策性建议和意见，对环保村规民约中不合理和不合法的内容进行批评，提出修改建议。最后是以社员权力制约社会权力。社会组织机构对本组织内部事务的管理权力，与该组织内部成员的权利关系，类似于国家权力与公民权利的关系。村民委员会有自身的偏好，在缺乏外在监督与约束的情况下，可能基于自身利益的考虑而怠于履行相应的职责，甚至做出危害农村环境的决策。因此，组织的负责人必须依据环保村规民约规定的原则和规范来进行管理，并接受村民个人监督和村民代表大会的集体监督。

二、软法治理说

20 世纪中后期以来，公共领域的治理大致经历了从国家管理到公共管理再到公共治理的三个发展阶段。传统的国家管理模式采取以国家为中心的封闭型管理模式，依托于体系庞大、层级复杂的官僚体系，主要依靠"指令—强制"方式进行管理，管理方式僵化，过于注重形式和程序。但在日新月异的社会结构面前日益暴露出其弊端，管理能力不足，管理效果不佳，正当性受到挑战，因此逐渐被强调管理主体多元化的公共管理模式所取代。公共管理是指政府公共部门、非营利性部门、社会公共组织以及其他组织推进社会整体协调发展、增进社会共同利益实现，通过制度创新和手段创新对社会公共事务进行调节和控制的活动。公共管理推崇结果导向和市场导向理念，主张缩减政府管制，扩大管理主体范围，将社会自治组织纳入管理主体，并且在规制、处罚等强制性方式之外引入指导、契约等非强制性方式，对理顺公共关系和解决公共问题起到了积极作用。但是，公共管理依然固守单向度管理型思维，国家依旧是公共管理的"掌舵者"，公民价值诉求得不到回应，私人利益被视为公共利益的对立面无法得到保障，因此只能有效缓解国家管理的问题，故而继之兴起了公共治理的新模式。公共治理的实质在于开放的公共管理和广泛的公众参与，它超越了传统的管理型思维，强调国家与社会共同治理，有助于高效应对社会问题，也能够实现更广泛的公民参与，解决公共领域治理的正当性问题。

治理（governance）源于拉丁文和古希腊语，原意是控制、引导和操纵，主要用于与国家公共事务相关的管理活动和政治活动。现代意义上的"治理"是世界银行在 1989 年发表的报告中面对非洲国家公共治理的危机而提出的。最具代表性和权威性的定义是由全球治理委员会 1995 年在一份题为《我们的全球伙伴关系》的研究报告中界定的，各种公共的和私人的个人和机构管理其共同事务的诸多方式的综合，它是使相互冲突的不同利益得以调和并且采取联合行动的持续过程。公共治理即为指向公共领域的治理，具有治理主体多元化、治理依据多样化、治理方式多样化等典型特征。首先，就治理主体而言，该模式主张不仅包括国家，还包括其他公权力主体如行业协会、自治团体等，所有的公共关系主体都作为治理主体平等参与公域之治，应各展其长、各得其所。其次，就治理依据而言，该模式主张不仅包括国家立法，还包括社会共同体形成的规则甚至不同主体之间的协议等。再次，在治理方式上，该模式主张依照公域之治的实际需要，在进行综合性"成本—收益"分析的基础上，能使用非强制方式的就不用强制方式，能用双方协商解决的方式就不用单方强制的方式，能用自治的方式就不用他治，遵照先市场后社会、再政府的选择标准，实现治理方式的多元化、民主化和市场化。最后，这种模式主张，在宪政框架下，所有公共治理主体都应当权责一致，确保没有权力不受监督，没有权利不受救济，所有公共治理主体都要依法承担违法责任，尤其要确保过罚相当、罚当其责。[1]

公共治理的兴起对传统的公法制度和公法学提出了挑战。其一，公共治理要求吸纳广泛的社会力量参与社会治理，其所依赖的组织和行为规则不仅仅是公共权力主体所指定或直接认可的规则，[2]而且要求公法规范体系走向多元化，因此它迫使人们不得不在立法主体、法的本质、法的实施方式等方面反思和修正法的传统概念，扩展法律概念的内涵。其二，公共治理要求扩大与深化公民参与，主张公共权力主体与社会多元主体的对话协商与共同治理，而传统的公法则主要采取公共权力对社会的监督—控制方法和公共权力之间的监督—制衡方法，对公民的平等参与、公共权力与社会之间的平等合作重视不足。其三，公共治理要求治理方式的多样化，既要依赖于强制性手段，同

1　罗豪才，宋功德．公域之治的转型：对公共治理与公法互动关系的一种透视［J］．中国法学，2005（5）：3-23.
2　VON HAYEK F A. New studies in philosophy，politics，economics and the history of ideas［M］．Chicago：University of Chicago Press，1978：9.

时更要注意软性的治理手段。

传统的公法学是建立在国家管理模式和公共管理模式之上的，在新的挑战面前，必须提出新的概念和研究视角来解释和回应社会现实。软法的概念在国际法文献中出现频率较高。美国学者奥利·洛贝尔的《新政：现代法学思想中管制的衰落与治理的兴起》一文最早在公共治理语境下使用软法的概念，该文认为，美国近年来兴起的新治理模式之不同于传统管制模式，并揭示了国内法意义上使用这一概念的可能性。[1]罗豪才、宋功德《公域之治的转型：对公共治理与公法互动关系的一种透视》是国内关于公共治理语境下软法的基本理论问题的最早研究成果。文章认为，公共治理迫使我们对深受实证主义法学思想和前苏联法理学影响的"法是主权者的命令，是由国家制定或认可的、体现掌握国家政权的统治阶级意志的、依靠国家强制力保证实施的行为规范的总和"的"法"狭隘定义进行全面反思和修正：其一，立法主体应当是多元的。法未必总是由国家制定或直接认可的，也可以是社会自治组织创制的自治章程。其二，应当扩展法的本质，鉴于公共治理主体的多元化，法所体现的"公意"不再局限于国家意志，还可以体现政治组织的意志、社会共同体的意志等，因此总体上说法所体现的应当是公共意志。其三，政治色彩趋于淡化。对于公共治理而言，法这种社会关系的调节器所调整的未必都是阶级关系，随着利益群体的多元化和社会结构的阶层化，立法经常成为对特定利益群体或特定社会阶层的正当利益诉求的一种回应。其四，应当重新界定法的内涵。公共行为的法制化要以公共组织的制度化为前提，这就意味着法不仅仅是一种行为规范，还应当同时是一种组织规范。其五，法的实现方式应当多样化，依靠国家强制力保障实施不再成为法律实施的一个必备要件。法既有硬拘束力，也有软拘束力。既要依靠国家强制力，更要诉诸社会组织自治力，通过协商、契约等非强制性方式

1　LOBEL O. The renew deal：The fall of regulation and the rise of governance in contemporary legal thought［J］. Minnesota Law Review，2004，89（2）：342-470.

实现。[1]

最近两三年，软法主题开始成为我国法学研究的一个热点。软法研究的兴起，主要是法学界为了回应正在崛起的公共治理对"软硬兼施"的混合法模式的迫切需要。软法是效力结构未必完整，无须依靠国家强制力保障实施、但能产生社会实效的法律规范。[2]治理模式的基本原则有二：一是辅助原则（Principle of Subsidiarity），它是有限政府和个人自由的基石，是确定政府干预的范围和界限的基本标准。一切任务，如要最佳地开展，就只能在最贴近受其影响者的层面来实施。中央机关应当尽可能地把最广泛的事务交由地方来裁量，由后者在宽泛的政策框架内来思考和决定具体的细节。那些最贴近问题的人掌握着解决问题所需要的最丰富和准确的信息。二是比例原则，要求政府若有必要采取行动，其行动手段应该尽可能柔弱，其严厉程度应与其要达到之目的相称或成比例，而不能轻易而随意地动用严格法手段。辅助和比例这两个原则都蕴含着"软法"之治。辅助原则意味着在个人和社会能够自治、自生、自新的领域，政府必须退出，交由社会来自治。社会由民间的社团（企事业组织）、诸行业和诸联合体构成。这些社会团体没有国家强权，它所能创设和生产的治理规则，注定只能是"软法"。这些规则的实施，也只能诉诸关系主体的行动的自愿。比例原则意味着，若政府有必要干涉社会子系统，在严格法和软法手段皆能实现目的的情况下，政府应优先选择软法手段，这些构成国家法的软法部分。[3]因此，治理的特征表现为由灵活性和自愿规则所确定的水平网络和权威关系。软法是公共治理的主要依据或手段，共同目标、谅解、行为守则、指南和参与纲要通常是由硬法和软法确立的，甚至出现了硬法的软化现象。公共治理主要是软法之治，有学者因此

1　罗豪才，宋功德. 公域之治的转型：对公共治理与公法互动关系的一种透视［J］. 中国法学，2005（5）：3-23.
2　罗豪才，宋功德. 认真对待软法：公域软法的一般理论及其中国实践［J］. 中国法学，2006（2）：3-24.
3　罗豪才，等. 软法与公共治理［M］. 北京：北京大学出版社，2006：138.

形象地将新治理时代称为"软法"时代。但是，也有学者认为，硬法代表法治力量，而软法代表人治力量。这种观点错解了软法与法治的关系。首先，法治是法律之治，既包括硬法之治，也包括软法之治。软法需要具有正当性，必须在宪法与法律的框架之内，符合宪政与法治的基本精神。非法、违法之规则绝对不是软法。其次，硬法中必然包含一定程度的形式法治精神，却不必然包含实质法治精神。特别是在社会转型过程中，硬法的实质法治精神极易随着时过境迁而受到质疑和挑战。而如果实质法治严重不足，程序法制的作用也必然十分有限，不足以解决当前社会的紧要问题。因此社会行为的规范必须要有最低限度的实质法治，这就必然要求规则系统本身能够吸收一些实质法治的精神，能够对社会问题及时做出灵活反应。而软法实施中的参与和协商精神使它可以有效地溶解我国传统文化中长期存在的道德规范和社会习惯，有利于汲取法治的"本土资源"，与软法机制的回应性特征相结合，使软法成为及时运送实质法治精神的便捷途径。[1] 再次，没有公民社会的兴起就不可能有现代民主法治。公民社会是软法的滋生土壤，软法又反向推动公民社会的发育与壮大。软法的兴起不仅从理念与意识上，更是从制度安排上直接推动了公共治理模式的确立，满足了公众参与公共治理的规范需求，促进社会自治、公民自治。最后，软法机制的开放性和双向性特征极大地拓展了参与的空间和范围，使来自国家、社会、个人的力量形成法治建设的合力。软法机制在一定意义上将民主因素融合在法治框架内，采取一种直接的参与式民主，作为对议会式间接民主的有益补充。它既可以防止民主脱离法治的轨道，避免"多数人的暴政"，又可以增进民主因素，促进社会治理的民主化进程。[2]

当前，我国社会现实中存在着大量鲜活的软法规范，并且在组织和调整公共领域的事务方面发挥着重要作用，构成了公共治理区别于

1　罗豪才，等.软法与公共治理 [M].北京：北京大学出版社，2006：251.
2　洪大用.中国环境社会学：一门建构中的学科 [M].北京：社会科学文献出版社，2007：45.

国家管理和公共管理的一大重要特征。在自治型环保监管中，环保村规民约就是典型的软法规范，并且具备软法规范得以运行并产生实际效力的三项必要条件。第一，软法规范为共同体普遍认可。环保村规民约绝大部分是村民共同实践行动的结果，具有极强的传统性和经验性，能够得到村民的一体认同；还有一部分源于根据社会经济、社会发展情况的开放性的创制，村民作为相关利益主体皆可在平等互动的协商机制中各陈己见，表达其利益诉求，在多方博弈中达成共识与合意。环保村规民约作为能够回应多重利益诉求的软法，其实施并不依赖国家强制力这一外部强加的压力，而是通过一种自愿机制或者是利益诱导下的自愿服从达到从内部建立起来的平衡。制度形成和实施过程中的共识使得环保村规民约为村庄共同体普遍认可。第二，信息开放。首先，软法机制的作用过程实际上是一个博弈的过程，而一种"理想标准型的博弈，其中行为人对其他行为人的选择有预见性……行为人是理性的，有预见性地掌握博弈信息……行为人的策略是因果独立的"。[1]我国农村社会是典型的"熟人环境"。村民生活在一个共同体中，具有信息交流的便利途径，容易获知与彼此有关的各种信息。其次，环保村规民约的创制过程具有协商性、合意性。规制对象对立法是广泛和直接式的全体参与，是直接协商达成一致而不是通过座谈会、论证会、听证会听取意见。高度的开放沟通和自由参与确保了信息公开透明。最后，环保村规民约实践过程具有公开性和透明性。环保自治机构、村民相互之间对于制度执行进行监督并公开，保证了环保村规民约的运作过程透明化，也使村民能够及时获取真实有效的信息。第三，成员之间地位或实力基本对等。平等性是软法机制得以运行的前提。环保村规民约的制定者和调整对象之间的法律地位平等，没有一个具备强制力的权威力量存在。自治组织不得运用特权随意发布命令，强制村民作为相对方服从；村民之间虽然有经济水平的差异，但没有

1　保罗·魏里希.均衡与理性：决策规则修订的博弈理论［M］.黄涛，译.北京：经济科学出版社，2000：30.

人因此在政治参与上具有一种带强制的压迫性优势。[1]

三、社区治理论

Community 源于拉丁语 Communis，原意是亲密的伙伴关系和共同的东西。社会学意义上的"社区"最早是由德国社会学家 F. 滕尼斯在 1887 年出版的《共同体和社会》中论述社会变迁中提出的，他把"社区"作为与"社会"相对的学术词汇使用，即礼俗社会和法理社会。滕尼斯认为，社区和社会是人类共同生活的两种形态，社区是建立在亲密的、不分你我的私人关系基础上的社会共同体，是具有共同习俗和价值观念的人群所形成的、感情深厚的社会组合方式；社会是在目的、利益、契约及以此为条件的人们相互保持一定距离的基础上建立的社会共同体，是由契约关系和理性意志形成的社会组合。[2] 随着社会的发展，社区的含义与滕尼斯提出时已经发生了一定的变化，但是社区的概念却层出不穷、尚无定论。据统计，目前对"社区"一词的定义已有 140 多种，但明显的特点是"说得太多，说清楚的太少"[3]。《民政部关于在全国推进城市社区建设的意见的通知》对"社区"一词给出了官方权威定义：社区是指聚居在一定地域范围内的人们所组成的社会生活共同体。这种界定明确了社区的两个基本属性：一是地域属性，即社区具有一定的相对明确的和有限的地域边界；二是共同体属性，即居住在同一区域边界范围内的人们之间有社会的、心理的联系。通常从社区的性质上看，首先社区是一个社会单位。它是由有限数量的人口组成的，并且以一定的聚落形式存在。因此，社区的规模一般有限，居民不需要借助其他通信、交通工具就能比较方便地直接互动，信息沟通比较容易。其次，社区这种单位是自然形成的。就内部构成

1　COTTERRELL R. The sociological concept of law[J]. Journal of Law and Society, 1983, 10(2): 241.
2　斐迪南·滕尼斯. 共同体与社会：纯粹社会学的基本概念 [M]. 林荣远，译. 北京：商务印书馆, 1999: 195.
3　周少青. 论城市社区治理法律框架的法域定位 [J]. 法学家, 2008（5）: 26-33.

要素来看，除了地域、人口、交往之外，还包括共同的情感和价值认同、共同的活动与利益以及特定文化、生活方式和地缘感等因素，一般都具有历史的沉淀。再次，社区是独立于国家和家庭之间的基本生活单位。传统的家国划分把社区这个集体空间隐匿起来，见国见家，但不见社区（会）。然而社区确实是独立于国与家之外的一个有着重要社会纽带作用的领域。在社区内，人们从事着日常生活、人际交往、感情沟通，参与社会经济事务和政治生活。社区纽带一经形成便有其独立性，作用于每一个社会成员、每一个家庭，从而建构社会。最后，社区是国家治理的基本单位。社区的空间范围被定位于居民区和维护社会秩序的工具，如列菲弗尔所述，"国家利用空间以确保对地方的控制、严格的层级、总体的一致性以及各部分的区隔"。这种空间定位使社区成为漏斗效应中各种社会职能转移的对象和各种社会问题的容器。[1]

根据社区结构特点和生产方式及生活方式的差异，可以分为农村社区和城市社区。"社区"概念的引入者滕尼斯认为，传统的农村存在是社区的典型代表。与此相类似，费孝通在《江村经济》中表达的社区也是一个"村庄共同体"。农村社区就是在一定地域资源环境中，以农业生产活动为主的居民按一定秩序把各自的行动约束在确定的方向（共同利益）上所组成的群体或集团。《中国大百科全书》将农村社区的基本特征表述为：（1）具有广阔的领域，居民聚居程度不高，主要从事农业。（2）结成具有一定特征的社会群体、社会组织。（3）以村或镇为居民生活的中心。（4）同一农村社区的居民有大体相同的生活方式、价值观和行为规范，有一定的认同意识。（5）农村社会组织较城市简单。在一般传统社区中，习俗组织（如宗族、宗教、帮会组织）较多而法定组织较少，分科执掌、分层负责的科层制组织尚不发达。（6）经济、文化、技术相对落后。我国传统社会

1　夏超，莫光财.社区治理视阈下的市民空间供给［J］.中共乐山市委党校学报，2007，9（4）：64-65.

村治的历史比较久远，我国的社区研究也始于农村，初衷是以帕森斯的社会结构功能主义探索社会改良之路。20世纪20—30年代，以梁漱溟为代表的乡村建设派，以吴文藻、费孝通为代表的社会学本土化派，以毛泽东、陈翰生为代表的马克思主义派，都对中国问题进行了诊断，并开出了药方。吴文藻认为，社会是各种发展程度的不同社区的结合，可分为都市、乡村和民族地区三类，在这三类地区分别开展社区研究，就可以达到对我国社会情况的基本认识，并且可以通过对不同社区文化的比较来找到社会改良的方向。[1] 然而，进入计划经济时代后，政府成为农村社会公共产品的唯一提供者，"政社合一"的人民公社体制下传统的村落社区的空间被由"生产小队（生产队）—生产大队（大队）—人民公社"所形成的圈层结构挤占。伴随着改革开放以来家庭联产承包责任制和村民自治制度对农村社会政治经济生活的根本性变迁，国家力量退出了农村社会生活中的很多领域。与此同时，在市场经济条件下，经济结构由单一化转向多元化，大量农村劳动力流出，费孝通所归纳包含"礼治秩序""差序格局""熟人社会""归属感"的农村传统社区秩序受到冲击。传统农村社区力量式微的同时，现代的社区模式没有建立起来，农村公共领域出现权力真空，公共事务出现令人担忧的衰败现象。"当下中国社会转型已经进入到一个关键的时代，对农村基层社会治理模式的研究实际上已经突破了具体的管理对策，进入到社会结构如何回应市场经济所提出的'横向性''互动性''自治性'和'自主性'等要求。……进入了公民社会建构的论域，进入了社会转型的战略选择论域。"[2] 党的十六届六中全会提出，要建立"政府行政管理与社区自我管理有效衔接，政府依法行政和社区依法自治良性互动"的管理制度，使"乡政村治"走向"乡村共治"。党的十七大和十七届三中全会又进一步重申以"加强农村社区建设"为新农村建设重要举措的战略部署，继续强调新形势下积极推进农村

1　罗中枢，王卓.公民社会与农村社区治理［M］.北京：社会科学文献出版社，2010：176.
2　贺雪峰.乡村治理研究的进展［J］.贵州社会科学，2007（6）：4-8.

社区建设，建立健全农村社区新型治理体制机制。应该说，农村社区在我国已经不是西方社会学单纯意义上的组织方式、联系纽带和结合原则，而是一个建构性的概念，是政府试图构建的以一定地域为基础的社会实体或社会单元。新农村社区主要按共同居住、相互联系、有共同的认同感和归属感的标准而建设。社区组织既借助于自然村、生产队等传统组织资源，又不限于传统的天然的、血缘的、行政的组织限制，主要取决于相互的自愿合作。[1] 城乡一体化是指城乡之间遵循自身发展规律，通过资源和生产要素的自由流动合理配置和优化组合，实现城乡经济、政治、社会、文化持续协调发展的过程，[2] 要求工业对农业、城市对农村给予多方面的支持。但是新农村建设真正依靠内源性力量是农村内部的自我合作与发展的力量，只有得到广大村民广泛的认同、信任、合作与参与，"生产发展、生活富裕、乡风文明、村容整洁、管理民主"的新农村建设目标才可能实现。需要指出的是，伴随着城乡一体化进程，"一个数量极大的群体正在被强大的社会机制从传统的农业方式中、从相识的农村熟人社区中剥离出来，去面对陌生的城市生活"。[3] 城市化进程中的失地农民被集中安置在城镇规划建设用地范围内的（失地）农民集中居住区。由于这类社区是在政府积极作为下依据城市社区的标准建立并管理的，它不同于传统农村社区。但由于失地农民在住宅安置方式等方面有一定的自主权利，农村社区的各种关系和利益格局也被部分带进新的社区，因此它与城市社区又形同质异，成为一种介于农村社区和城市社区间的独特的社区形式。

　　人类社会的发展是在国家与社会的二元互动中前进的。随着市场经济的发展和市民社会发育，国家公权力逐渐从经济和社会领域收缩，作为国家和家庭纽带的社区有了更大的活动空间。社区治理是指在特

1　徐勇.村民自治的深化：权利保障与社区重建——新世纪以来中国村民自治发展的走向［J］.学习与探索，2005（4）：61-67.
2　刘豪兴.农村社会学［M］.北京：中国人民大学出版社，2004：26.
3　郁晓晖，张海波.失地农民的社会认同与社会建构［J］.中国农村观察，2006（1）：46-56.

定的社区范围内，由政府、社区自治组织、非营利性组织、社区居民等，依据正式的强制性法规和非正式的自愿遵守的约定，依托各自资源，在协商谈判、互动协调过程中共同管理社区公共事务、增进社区公共福利的治理模式。奥斯特罗姆指出，"社区治理通过借助既不同于国家，也不同于市场的制度安排，可以对某些公共资源系统成功地实现开发与调适"。[1] 社区治理的具体内涵包括：第一，社区治理主体既包括政府，又包括社区组织和社区成员。尤其强调社区成员的参与，充分肯定社区组织和社区成员在社区建设管理中的重要地位，为其发挥作用提供有效途径。社区治理主体的多元化较传统治理模式具有合力优势。第二，社区治理的客体是社区范围内的公共事务，人们最关心、最直接和最现实的利益问题发生在社区，社区公共事务关系社区成员切身利益。第三，不同于传统治理模式下公共权力运用的单向性，社区治理的权力运行方式是多向性的，通过多元治理主体之间的协商、沟通、协调、合作实现上下互动对社区公共事务进行管理。第四，社区治理建立在广泛的社会认同的基础上，更多地依靠自觉参与和合作，具有较弱的强制性色彩。正式的规则仅构成了有限的决定选择的约束。以社区所处的政治、经济、文化状态为背景，经过长期生产生活实践形成并固定下来的行为准则及由此形成的合作发挥了更大的作用。"与国家和市场相比，社区能更有效地培育和利用人们传统上形成的规范自己共同行为的激励机制：信任、团结、互惠、名誉、傲慢、尊敬、复仇和报应，等等。"[2] 据此，萨缪尔·伯勒斯和赫尔伯特·基提斯指出了社区作为治理结构所具有的独特优势：其一，社区中互动的成员未来相互之间影响的可能性也很大，因此存在一种强力推动人们以有益于社会的方式行为而避免未来遭受报复的激励机制，实际上，这就是人们长期互动过程中的互惠链的机制。其二，社区成员相互作用

---

1 埃莉诺·奥斯特罗姆.公共事物的治理之道：集体行动制度的演进 [M].余逊达，陈旭东，译.上海：上海三联书店，2000.
2 曹荣湘.走出囚徒困境：社会资本与制度分析 [M].上海：上海三联书店，2003：143.

越频繁，也就是社区居民参与社区的活动越多，就越可以降低成本，增加收益；而且还可以更多发现其他成员的特点、近期和远期行为的可能行为。这种信息越易于获得和广泛传播，社区成员就越有动力以促进集体效益后果的方式行动。其三，社区通过成员之间惩罚"反社会"的行为来克服"搭便车"的问题。[1]

　　社区治理的目的不仅包括社区基本公共设施建设的完善，还包括构建好的社区治理规则，建立富有信任感的社区人际关系和建设具有凝聚力的社区文化即发展社会资本。"社会资本"最早由社会学家皮埃尔·布迪厄提出，认为它是"实际的或潜在的资源的集合体，那些资源是同对某些持久的网络的占有密不可分的。这一网络是大家共同熟悉的、得到公认的，而且是一种体制化的网络，这一网络是同某团体的会员制相联系的，它从集体性拥有资本的角度为每个会员提供支持，提供为他们赢得声望的凭证"。罗伯特·帕特南将社会资本从个人层面上升到集体层面，并把其引入政治学研究中，从自愿群体的参与程度角度来研究社会资本。他在《使民主运转起来：现代意大利的公民传统》中提出公民参与网络，认为由于一个地区具有共同的历史渊源和独特的文化环境，人们容易相互熟知并成为一个关系密切的社区，组成紧密的公民参与网络，这一网络通过以各种方式对破坏人们信任关系的人或行为进行惩罚而得到加强，这种公民精神及公民参与所体现的就是社会资本，其核心是信任、规范网络与合作。[2]他还将社会资本理论运用于社区治理的研究。通过 20 多年对意大利南北行政区治理绩效差异的考察，帕特南认为，造成不同区域社会治理绩效差异的原因在于一些基本的社会条件，如公民的公共参与网络的形成、人与人的信任、大家共同遵守的规范等，即社会资本。帕特南和他的同事们最后研究结论表明：社会资本的状况决定着社区治理绩效的好

1　曹荣湘.走出囚徒困境：社会资本与制度分析 [M].上海：上海三联书店，2003：157.
2　PORTES A. Social capital：Its origins and applications in modern sociology [J]. Annual Review of Sociology，1998（24）：1-24.

坏。[1]"在一个拥有大量社会资本存量的共同体中，生活是比较顺心的。"公民参与的网络孕育了一般性交流的牢固准则，促进社会信任的产生。这种网络有利于协调和交流，扩大声誉，因而也有利于解决集体行动的困境。通过互惠和信任，社会资本把个人从缺乏社会良心和社会责任感的、自利的和自我中心主义的算计者转变成为具有共同利益的、对社会关系有共同假设和共同利益的共同体的一员，从而构成了将社会聚合在一起的黏合剂。[2]因此，社会资本不仅是社区治理的目的，更是支撑社区发展的重要因素。信任、规范和网络等社会组织特征，能够通过推动协调和行动来提高社会效率，社会资本提高了投资于物质资本和人力资本的收益。

我国农村积淀了丰富的社会资本。首先，地域相对封闭性和自给自足的生产状态造就了我国农村的"熟人社会"。"每个孩子都是在人家眼中看着长大的，在孩子眼里周围的人也是从小就看惯的。这是一个'熟悉'的社会，没有陌生人的社会。"[3]因此，人与人之间建立起了充分的信任。其次，农村居民之间既有长期固定的地缘关系，又有长期共同生活中形成的血缘关系，这种在血缘和地缘基础上建立的具有浓郁东方文化特色的"乡土关系"，使得农村成为充满各种礼俗的典型的"人情社会"，构成了互利互惠的人际关系网络。最后，在"熟人社会"和"人情社会"互信互惠的社会交往活动中，个人间的思想和行为具有了趋同性和协调性，彼此认同的价值要求以社会规范的形式组织和协调社会网络的参与者，保证共同目标的实现。耕地及耕作的规则、用水规范以及在此基础上确立的生活和社会规则得到广泛遵守，具有较强的约束力。[4]尽管在市场经济条件下，人口大量流动对农村社区稳定性带来的影响使费孝通所归纳的"礼治秩序""差

---

1 郑传贵，卢晓慧. 社会资本与社区治理：兼论以自然村为新农村建设基本单位的合理性［J］. 求实，2007（10）：80-83.
2 李惠斌，杨雪冬. 社会资本与社会发展［M］. 北京：社会科学文献出版社，2000.
3 费孝通. 乡土中国　生育制度［M］. 北京：北京大学出版社，1998：76.
4 BIAN Y，BREIGER R，GALASKIEWICZ J，et al. Occupation, class, and social networks in urban China［J］. Social Forces，2005，83（4）：1443-1468.

序格局""熟人社会""归属感"的农村社区秩序受到冲击，但是共同体的价值文化是可以传承的，互动关系网络、互惠规范以及彼此信任的农村社会资本存量仍然可观，新农村社区治理如果能够考虑并利用到农村社会资本，能够大大提高效率、节约资源。把自上而下的政府推动和自下而上的社会自我生长有机结合起来，构建多元协同参与的农村社会治理结构和运行机制，其内涵就远远超过了一般农村管理、乡政村治、基层民主建设等所能涵盖的广度和深度。如果全国数十万村落能恰当地以"社区"方式——"允许公民在他们居住的地方实现他们的公共权利和义务"的"社区"方式——呈现出来，并逐步构建起现代治理模式和机制，无疑将加快我国政治体制改革和社会文化变革进程，溶解城乡二元化和社会结构二元化格局，推动民众臣民身份向现代公民身份转变，并实现国家与社会关系的合理调整和传统社会向现代社会的转型。[1]

环境治理作为典型的公共事务，是公益和私益相交融的社会性问题，传统的公法手段和私法手段在解决环境问题上都有各自的局限性。1968 年，加勒特·哈丁在 *The tragedy of the commons* 一文中以一个英国小村庄内牧人们共同使用公共牧场的案例建构了"公地悲剧"理论模型。牧场对牲畜的数量是有一定承载力的，超过这一承载能力后牧场就会退化。但是作为理性经济人，牧民们考虑的是每增加一头牲畜给自己带来的额外收益。在这种动机的驱使下，他们将尽可能地增加自己的牲畜规模。"沿着公地资源的内在逻辑，就会产生可悲的结果……最终的目的地就是毁灭，在一个相信公地资源可自由使用的社会里，人们都涌向那里，追求他们自己的最大利益。"[2] 哈丁得出结论：只有私人化之下的私人产权和政府管理之下的国家产权能做到产权明晰，使自然资源成为物有所属之财富进而避免土地灾难。因此，如果不能将资源彻底私有化，那么就需要社会主义式的统一控制，即不能

---

1 罗中枢.公民社会视野下的农村社区治理初探［J］.理论视野，2010（12）：33-36.
2 HARDIN G. The tragedy of the commons［J］. Science，1968，162（3859）：1243-1248.

市场则为政府。*The tragedy of the commons* 发表后 40 余年的时间里，公地资源的治理问题已经得到了人们的充分论证，但是绝对的私有或政府规制并没有得到支持。这首先要归结于环境资源私有的难度。一种物品是否私有取决于私有的成本与由此产生的收益之间的比较，并不是所有的环境资源都适宜私有化，对山林、草场、水塘等资源划分到私人层次就难度很大。如灌溉用水这样的公共池塘资源就是很难实现排他性产权的，即使将用水计量化（这实际上是一种近似的私有）都很困难，计量中的作假、对使用数量的不承认都是操作中的基本问题。[1] 其次，与私有化相比，国家统一控制虽然也能实现自然资源保护的目的，但是资源使用者的激励问题往往得不到很好的解决，不论是资源的使用还是保护都会出现效率上的非最优化。在这种情形下，奥斯特罗姆又提出了社区自我治理的解决方案。她认为，除了以上两种极端的观点之外，还应当看到公共池塘资源的使用者可以通过自筹资金来制定并实施有效的使用合约。如在瑞士和日本的山区公共森林中，非法砍伐林木都会带来可观的收益。在诱惑存在的情况下，遵守规则的情况一直是引人瞩目的，并且在这些情景中，一方面，占用者已经为控制公共池塘资源的使用、设计、应用并监督实施了一套自己的规则；另一方面，资源系统以及相应的制度，都已存续了很长时间。[2] 环境领域的社区治理通过借助既不同于国家，也不同于市场的制度安排，弥补了国家和市场在调控和协调过程中的某些不足，可以对环境公共资源实现成功的开发、保护与管理，成为国家和市场手段的有益补充，改善社区的环境状况，实现社区的环境利益。

自治型环保监管就是一种典型的社区环境治理。以社区为基础的环境治理（保护），是指完整的社区拥有以社区为主体的保护；同时又可以向另外两个主体延伸：向上可进入政府的保护活动中，往下又

1　陶传进.环境治理：以社区为基础［M］.北京：社会科学文献出版社，2005.
2　埃莉诺·奥斯特罗姆.公共事物的治理之道：集体行动制度的演进［M］.余逊达，陈旭东，译.上海：上海三联书店，2000：94.

进入环境资源私有化的范围。社区机制的建立，进一步扩大了环境治理的主体，明确了相关方面的责任，而且有效地整合了政府活动与个人行为，提高了环境治理效率。[1] 在第一个层面上，强调社区成员的民主参与程度，突出社区自治的重点。在管理自然资源方面，农村社区具有自己在长期历史中形成的本土知识的生态体系，同时，农村居民作为资源的拥有者与使用者的双重角色，其保护环境的内在激励是任何其他主体所不具备的优势。农村居民不是去哄抢和无度使用资源，而是通过协商、谈判、磨合形成和创造一些良好的使用制度，并在社区内部各种社会纽带的作用下遵守这些规则。[2] 在第二个层面上，以乡镇政府与新农村社区自治组织共同治理的格局代替"乡政村治"，推动环境公共事务处理中的多元互动协商与合作。政府在减少不合理干预的同时，应当向农村社区提供开展环境治理工作所需的必要支持。如为社区环保自治组织的培育发展扫除登记程序、资金门槛等制度障碍。又如对农村社区长期生产生活中积淀的传统生态知识予以尊重，并通过与现代科学技术的结合加以推广，对业已形成的不违反法治原则的环保村规民约予以认可。在第三个层面上，环境资源难以彻底私有化，在社区治理下，环境资源在社区层面"私有化"，只要合作良好，一个集体管理一份自己的资产，将如同一个人管理自己的资产一样，激励的强度提高；但同时又相当于将市场中资源私有变为社区里的公有，其产权划分、维护的高额成本则大大降低。私有产权与社区机制的结合在环境治理中发挥了重要作用。

四、利益说

利益本身是在特定社会关系中表现出来的人的需要。马克思、恩格斯曾指出，"人们的需要即他们的本性""人以其需要的无限性和

---

1 洪大用，等 . 中国民间环保力量的成长［M］. 北京：中国人民大学出版社，2007.
2 BIAN Y J. Guanxi and the allocation of urban jobs in China［J］. The China Quarterly，1994（140）：971-999.

广泛性区别与其他一切动物"。18 世纪英国经济学家亚当·斯密以人的本性作为研究经济学的出发点，提出了经济学史上第一个也是最重要的人性假设，这就是"自利人"假设。亚当·斯密认为，人都有"利己"的本性，其行为都是为"利己心"所驱动的，或者说，追求自身利益是驱使人的经济行为的根本动机，任何个人的经济活动的最终目的都是为追求自己经济利益的最大化。他同时认为，"自利人"的自利行为将会无意地增进社会利益，即社会公共利益恰恰是在每个人追求个人利益的基础上实现的。"自利人"假设提出后，大卫·李嘉图认为，每一个人都是以计算利弊的方式为了个人的生存和利益而行动，作为"理性人"尽可能地合乎逻辑地思考和行动。意大利经济学家帕雷托率先提出了"经济人"假设。在此基础上，新古典经济学形成了"理性经济人"的人性假设，认为"自利"是"理性经济人"的本性，在他们参与市场活动时都力图实现自身利益的最大化。新古典经济学将边际分析方法运用到如何实现利益最大化的问题中，并对自利行为将会无意增进社会利益这一论断进行了严格的证明。作为新自由主义思潮的重要分支，公共选择学派继承了主流经济学关于经济人的基本假定，并将这一论断坚定泛化到政治和公共行政领域。他们主张：尽管经济市场中的主体标签是消费者和厂商，而政治市场中的主体标签是政治家、政客、选民和利益集团，但他们的行为目标并无差别，区别仅在于，在经济市场交易的是私人物品，而在政治市场交易的是公共物品：前者的最大化目标表现为效用和利润的最大化，后者的最大化目标表现为公共物品利益和政治支持的最大化。"政治中的个人参加者并不是从事发现的事业，他的地位非常接近市场中商人的作用。他通过可以得到的工具表达自己的利益，他接受从过程中产生的结果。政治是'利益或价值的市场'，很像一般的交换过程。"[1]公共选择理论将"经济人"假设用于分析政治行为，对传统的完全追

---

1 詹姆斯·M.布坎南.自由、市场和国家：20 世纪 80 年代的政治经济学［M］.吴良健，桑伍，曾获，译.北京：北京经济学院出版社，1988：24，38.

求公共利益的"公共人"假设予以了冲击，得出了政府失灵、寻租等重要结论，对公共管理的制度建设提供了有益的启示。但是，政治领域的行为并不是纯粹的市场交换行为，以强制性权力为基础的"命令—服从"关系与平等互利的市场交换关系存在着根本的区别，"经济人"假设只能在公共管理的部分领域中得以实现。视公共管理者与商人无异的"经济人"假设在破除大公无私神话的同时却走向了另一个极端，将大大削弱公民对公共管理者及政府的信任，导致公共管理领域中社会资本的流失，降低政府行为的有效性。[1]公共管理活动以人为中心，而人以利益追求为行动的动力。法国启蒙思想家霍尔巴赫说："利益就是人的行为的唯一动力。"爱尔维修有一句名言："利益是我们唯一的推动力。"马克思也曾经说过，人们为之奋斗的一切，都同他们的利益有关。他们都非常明确地表述了利益对人们的至关重要性。利益是主客体间的一种关系，表现为主体的需要和满足这种需要的措施。[2]公共管理活动反映社会利益关系，公共管理活动主体承载着各自的利益要求。管理的伦理内涵就在于"利益人"的假设。[3]"利益人"的主要内涵包括：追求利益是人类最一般、最基础的心理特征和行为准则；追求利益的动机强度同利益与自身结合的紧密程度密切相关，同时影响着人的行为积极性的高低；利益不等同于"经济人"语境下的人的利己性，是个人利益和公共利益的结合。

公共利益产生于人类为了摆脱自然状态下由于个人利益无法保障而导致的生存危机，不得不结成群体形成社会公共生活引发的公共需要。亚里士多德曾把公共利益看作城邦追求的最高的善。公共利益是指公民以宪法规定的基本权利为核心内容，为生存和发展所必需的、通过公共产品和公共服务才能够满足的共同需要的现实化。[4]公共利

1　陈庆云，曾军荣，鄞益奋.比较利益人：公共管理研究的一种人性假设——兼评"经济人"假设的适用性［J］.中国行政管理，2005（6）：40-45.
2　孙国华.法理学［M］.北京：中央广播电视大学出版社，1999：56.
3　高力.公共伦理学［M］.北京：高等教育出版社，2002：203.
4　王春福.有限理性利益人与公共政策［M］.北京：中国社会科学出版社，2008：105.

益理论的核心是在政治与公共行政中公共利益是如何实现的？马克思曾经指出："随着分工的发展也产生了个人利益或单个家庭的利益与所有互相交往的人们的共同利益之间的矛盾；同时，这种共同的利益不是仅仅作为一种'普遍的东西'存在于观念之中，而且首先是作为彼此分工的个人之间的相互依存关系存在于现实之中。……正是由于私人利益和公共利益之间的这种矛盾，公共利益才以国家的姿态而采取一种和实际利益（不论是单个的还是共同的）脱离的独立形式，也就是说采取一种虚幻的共同体的形式。"在社会公共生活中，由于实现公共利益的需要，导致公共权力的产生。国家公共权力机关代行社会公共事务的管理职责，协调社会各方利益关系，整合社会各方利益诉求，以实现公共利益为最终目标。然而，公共权力从产生之日起就内含有否定自身的因素。其一经产生就有可能成为凌驾于公共利益之上的异己力量，公共意志被某一个集团的意志所控制，成为维护特定集团利益的工具。政府滥用公共权力、侵蚀社会共同利益的社会现象正是"政府失灵"的体现。于是，人们转而寻求用"看不见的手"推动公共利益的实现。然而在寻找最有利的价值的时候，"理性经济人"考虑的不是公共利益，而是自身利益。公共利益的非排他性，限制了自由放任的市场秩序在实现公共利益方面的有效性。"囚徒困境"和"公地悲剧"，揭示了市场秩序有可能在实现公共利益的过程中产生困境和悲剧。[1]在政府失灵和市场失灵面前，人们不得不寄希望于社会，期望社会各阶层通过向国家公共权力主体表达自身利益需求，输出并实现代表社会公共利益的政策。盖伊·彼得斯指出，"在加强公民向政府表达需求的权力过程中就会体现公共利益"。[2]具有相同利益诉求的人们结成了相应的利益群体（集团），他们是完全独立于政府之外的组织，代表着特定领域的公共利益。不同利益群体的相互作用是公

1 王春福.政策网络的开放与公共利益的实现 [J].中共中央党校学报，2009，13（1）：99-103.
2 B.盖伊·彼得斯.政府未来的治理模式 [M].吴爱明，夏宏图，译.北京：中国人民大学出版社，2001：82.

共利益现实化的重要途径。公共利益"只有和某些特定集团的利益相似才有了实质性的内容，并且只有通过提高某些特定集团的福利才能实现公共利益"。[1]然而，各个利益群体由于其成员社会地位、思想观念、知识水平、经济实力等差异，其利益需求是不同的，但是都想最大限度地满足自己的利益要求。而在特定的历史时期，社会拥有的财富是一定的，某一利益群体多占有一部分，其他利益群体占有的就会相应地减少。"利益集团并没有真正充分地对许多公民的偏好、态度和需求做出反映。特别是那些在经济上和政治上处于弱势的群体，他们的偏好几乎得不到有效的表达。相反，有身份地位的和经济富裕的群体则有能力出头露面，代表公众的利益。"[2]强势群体[3]拥有更多的社会资源及相应的更加畅通的表达利益诉求的渠道，其表达渠道的扩张能够遮蔽其他群体正常的利益表达渠道，强势群体甚至可以通过各种非正式的渠道施加影响，使公共政策供给更多地向他们进行利益倾斜。而弱势群体掌握的社会资源有限，往往组织化程度又很低，其利益表达缺少相应的制度安排和体制设计，在公共政策的制定中能够发出的声音微弱，影响也十分有限。因此，建立利益协调和矛盾化解机制，实现各种利益群体的利益均衡，避免以牺牲弱势群体的利益为代价来满足强势群体的利益，完善社会的公平机制，维护社会的稳定，已成为重要的研究课题。

　　环境利益兼具公共利益和私人利益的双重属性，其所对应的环境需求应该归入马斯洛的高级需求层次。高层次的需求只有在低层次的需求得到满足后才有可能实现。人们对环境质量的消费需求是与其经济收入呈正相关的。经济社会的不断发展、生活水平的日益提高促使

1　马骏，叶娟丽.西方公共行政学理论前沿［M］.北京：中国社会科学出版社，2004：124.
2　B.盖伊·彼得斯.政府未来的治理模式［M］.吴爱明，夏宏图，译.北京：中国人民大学出版社，2001：30.
3　强势群体和弱势群体主要是用来分析现代社会经济利益和社会权利分配不公平，社会结构不协调、不合理的概念。强势群体是指占有社会资源较多，并具有能够赢得更多经济、政治和社会机会的能力，对社会影响较大的群体，主要由经济精英、政治精英和文化精英构成。弱势群体也称社会脆弱群体、社会弱者群体，在英文中称 social vulnerable groups。群体根据人的社会地位、生存状况而非生理特征和体能状态来界定，它在形式上是一个虚拟群体，是社会中一些生活困难、能力不足或被边缘化、受到社会排斥的散落的人的概称。

人们追求高品质的生活，愿意付出更高代价去谋求生态需求，愿意为健康、优美、良好的环境建设付出自己的努力。环境质量和一般物品相比属于更高层次的消费品，人们在低级需求得到满足后，继而追求健康生存的尊严和在有尊严和福利的良好环境中自我实现的权利，即环境利益。在我国，现阶段的环境利益更多表征为经济利益而非生态利益，环境利益生成机制偏向于经济利益的产生，利益分配不公，未能体现环境正义；环境利益的代表面狭窄与环境利益的表达渠道单一、不畅，难以全面真实地反映环境主体的利益诉求；环境利益的博弈严重失衡，环境利益联结的异化，弱势群体没有形成弱者联合；环境利益的实现与保障还比较片面，整体环境利益不能达到最优化。社会各群体在环境利益享有和环境损失承担上的不均衡和非对称状态，深深影响着环境法律制度的确立和运行。[1]

就农村居民的环境利益具体而言。首先，农村居民环境利益是利益博弈的牺牲品。城乡二元结构及其带来的城乡差异决定了农村居民环境弱势群体地位，作为在自然资源利用、环境权利与生态利益分配与享有等方面处于不利地位的群体，农村利益与城市利益、农村居民利益与市民利益、经济利益与生态利益博弈中牺牲的自然是农村居民的环境利益。甚至在对新建项目进行环境影响评价时，有一些地方政府和企业招揽一些学者进行"科学论证"，从发达地区淘汰的污染极大的项目也被评价为合格。其次，利益表达机制的缺位损害农村居民环境利益。利益表达机制是科学民主决策机制的重要内容。但即使是在某些环境立法和政策制定过程中，以征求意见稿、咨询会等方式征集公众意见，由于农村居民文化水平不高，文字和语言表达能力不强，他们的利益需求和真实意志也很难在立法和政策制定中得到充分的表达，其话语权难以实现。在现有程序下，不仅农村居民少有影响决策的机会，而且在农村居民自身遭受环境侵权的情况下，其利益诉求往

1　江晓华.环境发展的社区治理制度研究［J］.安徽农业大学学报：社会科学版，2010，19（2）：55-60.

往也得不到表达。侵权方往往是在经济、科技、信息等方面具有特殊优势的企业，而作为环境侵权受害人的农村居民收入低下、文化水平不高、欠缺规避能力和抵抗能力，双方地位处于不对等状态。加之污染企业往往是当地的纳税大户、经济支柱，政府部门在处理有关事务时很难保持公允。即使是农村居民为了保护自身环境权益不受损害而勇敢地拿起法律武器，就环境侵权本身侵害过程复杂性、侵害对象不确定性、侵害后果具有隐蔽性和可持续性的特点而言，在经济、文化、信息、技术上处于劣势的农村居民很难收集证据，高昂的诉讼费用也使农村居民难以承担。《水污染防治法》《固体废物污染环境防治法》都鼓励法律服务机构对环境诉讼中的受害人提供法律援助，但是作为单行法中的软法规定在实践中很难得到落实。如果农村居民的利益诉求长期得不到充分的表达和应有的回应，其环境利益长期受到侵害，势必酿成严重的甚至是极端暴力的群体性事件，严重危害社会稳定。最后，补偿及受益机制缺失侵害农村居民环境利益。长期以来，我国"环境无价、资源低价、商品高价"的扭曲的价格体系，致使环境利益及其相关的经济利益在保护者、破坏者、受益者之间无法得到公平分配。广大农村居民保护环境所产生的积极效应由于环境的公共性由包括城市居民在内的全体公民免费享有，而相关制度的不完善使得农村居民根本得不到相应的环境保护成本的补偿和经济利益的回报。如在西部部分贫困山区，为保护环境强制农村居民进行种植结构调整，但对调整后农村居民收入的降低并没有给予补偿，退耕还林的补偿政策在执行过程中也存在很多问题。

公平是法律永远的价值追求。环境公平要求对各个主体采取不歧视、不袒护的态度，以满足人们在环境利益上的平等追求。代内公平是代际公平的前提和重要保证，地区和不发达地区、城市和农村之间如果不能实现环境公平，甚至发达地区或城市环境强势群体以牺牲落后地区和农村居民的环境利益为代价谋求"发展"，那么代际公平就无从谈起，最多也只能期待发达地区或城市的所谓"代际公平"。如果农村居民的环境利益长期得不到实现，权利与义务关系继续处于失衡状态，容易引发不满情绪，影响社会稳定。不仅如此，农村环境也会由于农村居民缺乏环境保护的动力进一步恶化，进而可能引发全局性的环境灾难，甚至危及整个国家和民族的生存条件。

农村居民应当是社会发展成果、环境利益的共享者，这是环境公平的要求，也是环境保护与农村居民利益相结合，切实解决"三农"问题的重大举措。自治型环保监管为农村居民环境利益的实现提供了利益表达机制和实现途径。首先，自治型环保监管承认村民及其集体是当地自然资源的主人（法定属于国家的除外），充分相信村民具有管理好本地区资源的能力。任何个人和群体的利益只有依托一定的地理空间和社会空间实施主体行为才能实现。在环境多元治理结构中，权利义务划分的标准应当是主体与所在区域环境利益的关联度。农村居民是农村生产生活的主体，他们在农村自然环境中直接从事生产、生活，其任何行为都将直接对农村环境造成影响；良好的农村生态环境也是农村居民的"生存之根本，发展之必需"，直接影响到农业生产进展和农村居民生活质量，关系到农村居民的切身利益。农村居民天生就是与大自然最亲密的人类群体，在长期实践中积累了养护自然资源的有效经验，形成了颇为合理的人与自然环境的互动关系。因此，农村居民理应是农村优美生态环境的守护者、环境保护的主力军。本村村民是该村范围内环境保护事务的主要责任者和推动者。其次，当涉及公共意图或集体物品时，组织或集体的行动是不可或缺的。[1] 自治型环保监管同样需要自治组织的推动和增进。尤其是在现代化冲击下传统农村社区"衰落"与环保监管的农村社区需求的差距面前，组织化的手段成了最佳突破口。完善的自治组织能够通过自身机制在农村社区内部慢慢产生各种社区社会资源，如人际纽带的加强、社会规

---

1 曼瑟尔·奥尔森.集体行动的逻辑［M］.陈郁，郭宇峰，李崇新，译.上海：上海三联书店，1995.

范的呈现等，[1]实现社区组织到社区的反向重构。自治型环保监管将原始状态的农村居民以组织的形式聚合在一起结成利益与责任群体，以集体行动的方式表达利益诉求、参与利益博弈，与环境保护的其他主体发生互动，通过权利的伸张与责任的履行来创造群体价值，实现个人和集体的环境利益。"公民共同体合作的社会契约基础，不是法律的，而是道德的"[2]，是通过协商、谈判、磨合形成环保自治章程或环保村规民约，是对农村社会长期环境保护实践中形成的习俗、惯例中合理因素的吸纳和改造。村民在内部各种社会纽带的作用下自觉遵守并依据这些规则进行环境自治。自愿的合作可以创造出个人无法创造的价值。再次，权利是利益的实现形态。环境权利对应环境利益，环境自治权是一项重要的环境权利。自治型环保监管对农村居民这一环境弱势群体赋权，在一定程度上相当于对农村居民能力、实际决策的尊重，激发了农村居民对居住环境保护的内在动力。在自治型环保监管模式下，农村居民不再被动地参与农村环境保护工作，而是通过相关程序讨论制定有关生态环境保护的村规民约作为本村范围内的环境行为准则；以此为依据，通过环保听证等方式决定本村的环境事务，进行环境监督、解决环境纠纷。农村环境自治力量与政府平等合作，村民依据环保自治章程自主管理本村环境事务，提供一定范围内的环境公共产品；政府从农村社会的环境保护领域"退缩"出来，为农村社会的自我治理留下空间，同时对自治型环保监管模式作用受限层面上的环境资源管理做出有益补充。最后，自治型环保监管克服集体行动的机会主义困境，协调农村居民个人利益和集体利益。奥尔森在《集体行动的逻辑》中这样描述集体行动的机会主义困境："除非一个集团中人数很少，或者除非存在强制或其他某些特殊手段以使个人按照他们的共同利益行事，有理性的、寻求自我利益的个人不会采取行动

---

1 陶传进.环境治理：以社区为基础［M］.北京：社会科学文献出版社，2005：206.
2 罗伯特·D.帕特南.使民主运转起来：现代意大利的公民传统［M］.王列，赖海榕，译.南昌：江西人民出版社，2001.

以实现他们共同的或集团的利益。"奥尔森也开出了"选择性激励机制"这一克服集体行动困境的药方。"只有一种独立的和'选择性'的激励会驱使潜在集团中的理性个体采取有利于集团的行动。……激励必须是'选择性的'，这样那些不参加为实现集团利益而建立的组织，或者没有以别的方式为实现集团利益作出贡献的人所受到的待遇与那些参加的人才会有所不同。"[1]环境资源难以彻底私有化，自治型环境监管模式下，环境资源在社区层面"私有化"，只要合作良好，一个集体管理一份自己的资产，将如同一个人管理自己的资产一样，激励的强度提高；但同时又相当于将市场中资源私有变为社区里的公有，其产权划分、维护的高额成本则大大降低。私有产权与社区机制的结合在环境治理中发挥了重要作用。这就是一种积极激励。同时激励也可以是消极的。例如，在金塘村自治型环保监管实践中，环保促进会对随手扔掉死鸡的村民进行教育，督促他把死鸡深埋处理就是典型的消极激励，通过对没有承担集团行动成本、损害集体利益的人进行惩罚，抑制"搭便车"现象的发生，促使其做出有利于环境利益的选择。同时，自治型环保监管模式下，农村社区通过内部协商机制谋求社区利益，通过外部协商机制将社区利益转化为社会利益，可以较好地克服环境发展中私益膨胀和公益虚置问题。[2]

第三节　自治型环保监管模式实证考量

　　湖南省浏阳市葛家乡金塘村的自治型环保监管模式推进了生态农业，改善了农村人居环境。但是各地农村综合条件不一样，自治型环保监管模式能否在全国农村地区推广并取得良好的效果取决于其依赖

1　曼瑟尔·奥尔森.集体行动的逻辑［M］.陈郁，郭宇峰，李崇新，译.上海：上海三联书店，1995：42.
2　江晓华.环境发展的社区治理制度研究［J］.安徽农业大学学报：社会科学版，2010，19（2）：55-60.

的现实土壤是否成熟。这不仅需要具体分析自治型环保监管模式在金塘村的产生、运行、维持情况，还应解构这一模式在全国范围内推广的现实基础，辩证认识其建构障碍，对其可行性得出正确结论。

一、自治型环保监管模式之实践分析

（一）金塘村自治型环保监管模式的产生

金塘村产生自治型环保监管模式的内源性动力是随着农村社会经济的发展，当地农村居民的环境意识不断觉醒，生态维权意识急剧上升，对自己赖以生存的环境日益关注，对严重阻碍当地经济社会可持续发展的养殖污染有着强烈的治理愿望，最终做出了自治型环保监管的集体选择。从《金塘村环境保护村规民约》这一治理规则的制定来看，每一项规则都通过村民代表大会讨论制定，通过协商、磨合、谈判形成和创造环境友好的制度，既保障了村民个人的意愿被充分尊重，又体现了集体选择的安排。集体选择的安排对村民起到了有效的约束，使村民自觉主动地遵守共同制定的规则，其中村庄精英的推动和倡导发挥了重要作用。《金塘村环境保护村规民约》由村里的老支书余尚清起草并发起全体村民参与讨论，通过村民代表大会选举产生金塘村环保促进会，由余尚清担任会长，村里的党员干部担任骨干。村民环保意识的不断提高、村庄精英的积极倡导使得金塘村村民治理环境的自觉性得到充分调动，为自治型环保监管模式的产生提供了动力。与此同时，当地政府的引导在金塘村自治型环保监管模式的产生过程中发挥了至关重要的作用。2007 年，长沙环保部门在国内率先启动"新农村、新环保、新生活"农村环保行动，组织 1 300 多名大学生、环保专家、环保干部，开展走村入户的环保调查与宣传。同年 6 月，在金塘村创办湖南省第一所农民学校，通过组织环保义工下乡，开展专家咨询、讲课、张贴环保宣传挂图、发放环保宣传手册等方式传授"养猪致富的环保经""农村生活垃圾分类基础常识"等知识，帮助村民制定合理的环保规划，切实提高了村民的环境保护意识和水平。

（二）金塘村自治型环保监管模式的运行

根据奥斯特罗姆经过大量理论和案例分析总结出的自主治理的具体原则，对组织权最低限度的认可和监督是金塘村实施自治型环保监管的关键。

首先是对组织权最低限度的认可。主要体现在两个方面：一是当地村民对环保自治规则和环保自治组织权威性的认同。《金塘村环境保护村规民约》是当地村民共同体治理环境的社会契约基础，是对村民在长期环保实践中形成的习俗、惯例中合理因素的吸纳和改造，具有较弱的强制性色彩。但是村民对自身参与制定的环保自治规则给予充分尊重，在内部各种社会纽带的作用下自觉遵守并依据这些规则进行环境自治。金塘村的环保自治组织——环保促进会，是在完全尊重村民自主意愿的前提下，通过村民代表大会选举产生的，而加强环保自治工作的统筹协调、全面宣传环保科技知识、督促环保规划落实、监督环保村规民约执行、调解环保民事纠纷等职责在《金塘村环境保护村规民约》有明确的规定，其合法的自主治理环境的权力得到村民的一致认可。二是当地基层政府对金塘村环保自治的高度认可和积极支持。当地政府对金塘村的村民环保自治持高度认可的态度，为农村社会的自我治理留下了空间。在减少不合理干预的同时，当地政府还向金塘村提供了开展自治型环保监管所需的必要支持，如对业已形成的不违反法制原则的《金塘村环境保护村规民约》予以认可，组织大学生、专家到环保学校开展授课、提供专家咨询、开展环保宣传等。自上而下的政府推动和自下而上的社会自我生长有机地结合起来，构建了多元协同参与的运行机制。

其次，监督机制的建立是金塘村实施自治型环保监管的有效保障。"由于所使用的规则的作用，在许多长期存续的公共池塘资源中，监督成本是低的"，监督成了人们实施规则、进行自主治理的副产品，因为不许付出太多额外的成本。[1]金塘村自治型环保监管的监督机制包括环保促进会对村民的监督和村民之间的相互监督。重大事件的环保听证制度也达到了使村民以较低的成本监督他人的行为，调动村民相互监管和自我监管自觉性的作用。市场机制在自治型环保监管模式的运行中也发挥了重要作用。在政府投入有限、村级财力不足的情况下，金塘村制定了《环保设施建设民投公助制度》，按照村民申请、环保促进会审核、村民投工投劳、组织验收、村支"两委"讨论、民主理财小组把关和公示等程序，以投入资金 20% 左右的比例进行以奖代补。民投公助、以奖代补的投入机制充分调动了村民支持、参与农村环境治理的热情，最大限度地整合了农村各类社会资源，拓展了农村环境治理和生态建设的新渠道。

（三）金塘村自治型环保监管模式的维系

金塘村自治型环保监管模式的持续发展得益于环境文化的塑造及由此带来的村民环保意识的不断深化。凡致力于人与自然、人与人的和谐关系，致力于可持续发展的文化形态，即是环境文化。环境文化是人类的新文化运动，是人类思想观念领域的深刻变革，是对传统工业文明的反思和超越，是在更高层次上对自然法则的尊重。环保监管模式的确立和维持很大程度上取决于环境文化所营造的公众环境意识，人们对良好生态条件和美好生活环境的迫切向往和追求，最终转化为与自然和谐相处的价值取向和环境保护行为。金塘村自 2007 年开始实施自治型环保监管模式以来，一直注重通过教育和引导加强环境文化建设。农民环保学校成立并保证了村民每月都接受 2 ~ 3 次环

1　张鑫．奥斯特罗姆自主治理理论的评述［J］．改革与战略，2008，24（10）：212-215．

保教育，同时利用专家讲课、集中讨论等形式进行培训，并召开现场观摩会，请乡村"土专家"现身说法，通过讲体会、算经济效益账等形式，激发农村居民学习、运用生态环境知识的积极性，逐步把环保自治理念引入村民的日常生活中。环保促进会给每户村民配发了金塘村《生态生产发展手册》《生态家居建设手册》《环保自治手册》《环保组织手册》等学习读本和理论读本，积极引导村民报名参与宣传、监督、环保纠纷调处等公益性服务岗位，村民的环境意识和参与水平在环保实践中不断得到提高。

（四）对自治型环保监管模式构建的启示

1. 村民自治是自治型环保监管模式的核心

金塘村通过搭建形式多样的载体和平台，不断更新和转变村民的思想观念，充分调动村民的积极性和主动性，使农村环境保护由政府意志转变为农村居民群众的自觉行动。同时，充分发扬民主，尊重村民权利，坚持把"民主选举、民主决策、民主管理、民主监督"的精神移植到农村环境保护的实践中。金塘村以农民环保学校为载体，以环保促进会为基础，以环保自治听证会为平台，不断提高村民的环保素质，积极引导村民平等协商规则、理性调和矛盾、共同参与治理，尊重村民的环境主张和权益诉求，强化了村民的权利意识和责任意识，建立和完善了农村基层组织内在的约束机制和环境功能，实现了环境治理由行政措施推动向平等式协商的转变，使农村居民主体作用得到充分发挥，环保自治逐渐为广大村民所认同和接受。

2. 政府在自治型环保监管模式的构建中发挥主导作用

政府为农村环境自治力量的形成提供直接或间接的资源支持，既是促进农村环境自治广泛和快速形成的必要条件，也是政府环境公共服务职能的内在要求。自治型环保监管强调政府环境责任的调整和角色的准确定位。对于农村环境保护，政府虽然不再直接监管，但是可以通过提供公共基础设施，增加环境资金投入，提供清洁农业生产技术，发布及时的环保信息来着重发展农村环境保护事业，同时可以协助农村环保自治组织，解决在环境治理过程中遇到的困难。[1]在"金塘模式"的构建中，政府通过创办环保学校培养环境人才、提高村民环境意识，激发了村民参与环境自治的热情；通过灵活的制度安排和市场手段的运用为自治型环保监管提供了政策、资金援助，构建了与农村环保需求相适应，与农村环保自治组织相配套的政府，充分发挥了主导作用。

3.市场对自治型环保监管模式的构建起到推动作用

金塘村在政府投入相对有限、村级财力不足的情况下，在扩大公共财政在农村覆盖面的同时，通过制定实施《环保设施建设民投公助制度》拓展投资渠道，积极引导社会资本投入农村基础设施建设，有效地解决了各级政府投入新农村建设和农村环保自治经费不足的现实矛盾。政府还发挥财政资金的引导撬动作用，调动群众积极投身环保的积极性。2008年，长沙市颁布实施《长沙市环境保护三年行动计划》，首次将农村环保纳入经济社会发展全局，针对畜禽养殖污染治理、污水处理厂、垃圾处理等方面出台了一系列农村环境综合整治到乡镇、到村、到户的补助政策，金塘村统一规划了养殖小区，获得财政奖励补助 100 多万元，作为对个人的私的利益精于计算的理性人、经济人，村民参与环境保护的积极性自然被调动起来。

二、自治型环保监管模式的现实基础

正如苏力所说，为了避免造就一个法律更多但秩序更少的世界，法律的制定者对那些会促成非正式合作的社会条件必须具有洞察力。[2]

---

1 陈叶兰.农村环境自治模式研究［M］.长沙：中南大学出版社，2011：217.
2 苏力.二十世纪中国的现代化和法治［J］.法学研究，1998，20（1）：1–13.

（一）村民自治的民主政治基础

改革开放的深化和市场经济体制的建立，已经深深地影响了中国社会，许多大中型城市已经基本出现公民社会的雏形。然而，城乡二元结构下城市和农村社会发展严重不平衡，中国农村才刚刚处于从乡土社会向公民社会过渡的起始阶段——传统的乡土社会开始逐步瓦解，现代公民社会开始缓慢发育。虽然中国农村社会从乡土社会转变到公民社会将是一个较为漫长的过程，但并不影响农村社会向公民社会转变的根本趋势。社会自治是公民社会的一个核心原则，中国农村公民社会的发育必然要求与之相适应的社会自治，而中国农村传统的乡土社会性质又决定了农村社会自治的特殊性。随着市场经济的推进，农村社会发生了明显的变化，传统产业出现分化，农村居民出现分化重组，形成了新的不同阶层，如农业劳动者、农业工人、个体工商户、农村手工业者、私营企业主、乡镇企业家、农民知识分子等。不同阶层的收入差距拉大，形成了不同的利益诉求。村民自治为他们表达利益、参与民主提供了可供实现的途径。[1] 村民自治随着农村经济体制改革由农村居民自发创造，并由 1982 年宪法确认为广大农村居民直接行使民主权利，依法办理自己的事情，创造自己的幸福生活，实行自我管理、自我教育、自我服务的一项基本社会政治制度。农村居民自下而上发起和国家自上而下推动促进了村民自治的迅速发展，虽然带有浓厚的官方组织化色彩，但基本符合农村社会的实际情况。农村居民就是通过村民自治这种直接民主的途径来实现对有关社会事务和文化事业的管理，是中国农村居民在探索农村治理形式上的伟大创举，是中国广大农村居民在民主政治领域的历史性跨越。目前村民自治在中国农村已经走过了四十多年的发展历程，极大地调动了农村居民生产和建设的积极性，促进了农村社会的政治稳定与经济发展。同时，通过民主实践培育了村民的民主和自治观念，有利于中国农村

1　陈叶兰.农村环境自治模式研究［M］.长沙：中南大学出版社，2011：122.

公民社会的进一步发育。村民自治的要义是，广大农村居民是农村社会治理的主人，有自我管理、自我教育和服务的权利，有实现农村良好治理的能力，当然也包括治理农村环境的能力。这就为农村居民转变环境角色，积极主动地投身环境保护创造了民主政治基础。

（二）相对改善的经济状况

环境问题归根到底是经济问题。环境保护离不开经济的投入，环保监管模式的正常运转也离不开财政的支持。经济发展水平对一国、一地区环保监管模式的选择有很大的影响。[1] 例如，在经济落后的情况下，产权的确定、资源的流转、经济杠杆的作用发挥没有必要的经济土壤，不仅产生不了经济型环保监管模式，即使是引进并强制推行也会因为缺乏必要的市场经济基础和成熟、完备的外部环境支持而难以持续。当一国、一地区的经济发展到一定水平，环保监管模式就有调整的必要。根据马斯洛需求层次论，人的需求是多层次的，高层次的需求只有在低层次的需求得到满足后才有可能实现，这个理论完全适合于人们对环境质量的需求。我国经济较长时间保持着稳中有进发展的良好态势，并且正从"环境换取经济增长"步入"环境优化经济增长"的阶段。"十一五"期间，我国农村居民人均纯收入由2005年的3 255元提高到2010年的5 919元，增加2 664元，年均实际增长8.9%，比"十五"期间的增速高3.6个百分点，实现了持续较快增长目标。特别是2010年农民收入实际增长10.9%，增幅比城镇居民高3.1个百分点，城乡居民收入之比有所缩小，表明国家促进农村居民增收、调整国民收入分配格局政策措施的效应开始显现。2015年，全国农村居民人均可支配收入达到11 422元，增速连续6年高于城镇居民，城乡居民收入差距进一步缩小。"十二五"期间，农民收入来源日趋多元化。现行标准下农村贫困人口从2010年的1.66亿人减少

1　安东尼·M.奥勒姆.政治社会学导论：对政治实体的社会剖析［M］.董云虎，李云龙，译.杭州：浙江人民出版社，1989：331.

到 2015 年的 5 575 万人，贫困发生率下降到 5.7%。 "十三五"期间农民收入计划保持在年均增长 6.5% 以上。农村居民对环境质量的消费需求与其经济收入呈正相关。生活水平的提高使农村居民追求高品质的生活，愿意付出更高代价去谋求生态需求，愿意为健康、优美、良好的环境建设付出自己的努力。

（三）乡土社会的礼治秩序

任何社会都需要有秩序，费孝通先生将乡土社会维持秩序和规范的力量称为"礼治"。礼是社会公认式的行为规范，是从教化中养成的个人的敬畏之感。礼即传统，生产方式、生活方法都可以作为社会积累的经验在口口相传中成为传统。在乡土社会中，传统的效力是非常大的。在这些传统中，包含着大量的关于环境保护的民间规约，也作为传统一代代传承下来，成为历代乡土社会约束生态环境保护的行为规范。在许多村庄，当地环境资源的价值常常可以用"被珍视"甚至"神圣化"来表达，受到乡规民俗的严格保护。如在我国南方山区村社中保留得较好的现有森林，包括村民共有的水源林、风景林、神林等，都是依据祖辈传袭下来的习惯法或乡规民约，由村社中德高望重的年长者或村长、民族头人、宗教首领主持下的村民会议行使管理权力，全体村民自觉遵守。如果发现偷伐践踏他人林木，视多寡分别处以赔礼、罚款、罚出义务工、罚等额或超额栽培等。在云南省一些划分自留山、责任山的地方，村社及农户都自发地组织人员管护山林，有的是由各农户定期轮流管护，有的是各农户分摊出钱请责任心强的村民巡逻，有的是民兵负责。这些村规民俗中或许有一些迷信的成分，如认为树木是人的庇荫福泽之处，村中树木茂盛，则预示该村繁荣昌盛，得旺得发，人死了，灵魂也要凭借这些高大的树木登天，但客观上对农村的环境和资源保护起到了积极作用。更为重要的是，村级单位通常是以一定的地域组成的，具有行为方式内部趋同的特性。环境保护如果成为村民公德，那么破坏环境的行为就会受到村民的共同鄙弃，环保规则因此比较容易被村民认同和成为共同行为准则。只有人们对如何解决冲突形成了应然的价值判断标准，规则才能形成。[1]自治型环保监管主要是一种道德约束，与传统社会的礼治是一脉相承的。当然，自治型环保监管模式还需要在传统文化的基础上继承和创新，以适应农村环保监管的现实需求。

（四）源于生活的环境技术

农村居民比任何组织都关心自己生产、生活所在地的环境。农村居民最了解他们所处的环境，懂得适合当地自然环境管理的技术，能够针对环境破坏、资源滥用的实际情况对症下药地提出解决方案，为子孙后代留下资源可持续利用的空间。在我国一些山区农村，村民订立村规民约对森林资源限以定期砍伐；一些地方按照林木生长状况规定封山制度；一些渔业村为了保证捕捞的公平，规定每户居民的打捞地域并实施周期性轮换，对捕捞时间和渔网网格的大小也有明确规定。[2]因此，认为农村居民不懂生态价值、不懂环境保护，而将农村环境恶化、资源破坏的责任归结于农村居民是不符合实际也是不负责任的。这些以口头指示、传统、禁忌等形式表现出来的经验，受到越来越多的人类生态学者的认可和赞叹，被认为符合现代生态原理且其环境保护的功效甚至优于以现代科技为基础的经济管理取向。农村居民有能力参与到环境保护中来，使长期生产生活实践中积淀下来的行之有效的环境知识和技术焕发出新的生命力。

---

1 劳伦斯·M.弗里德曼.法律制度：从社会科学角度观察［M］.李琼英，林欣，译.北京：中国政法大学出版社，2004：265.
2 陈丽华.论村民自治组织在保护农村生态环境中的权力［J］.湘潭大学学报：哲学社会科学版，2007，31（3）：35-37.

第四章 自治型环保监管独立善治之可行性分析

第一节 自治型环保监管模式的局限性

环境监管的实质是运用各种手段规范、协调、限制人类损害环境质量的行为，使人类的经济活动不超过环境的承载能力和自净能力。各种环保监管模式有各自的优势，但是在环境问题日益复杂化、综合化的情况下，没有任何一种环保监管模式是解决所有环境问题的万全之策。即便是与现行环保监管模式相比，自治型环保监管模式在农村环境监督管理中有明显的优势，也不是包治农村环境问题的灵丹妙药，仍然存在着其自身的局限性。

一、自治型环保监管模式对外部原因引发农村环境问题作用有限

村民自治的实施是国家旨在弱化外在力量对农村社会的控制，强化内源性自我控制，逐步建立一种适合农村社会发展的自主性治理模式。自治型环保监管模式是民主政治在环境保护领域的体现，处于国家正式权力体系之外，是社会坏境领域内的自治，是一种"环境民主"，其运行不具有强制性。村民自治组织没有强制性权力，主要实行德治，只能说服教育或者在国家法律允许的范围内依据村规民约对在本村范围内违反环境保护义务的人处以一定数额的罚款。因此，自治型环保监管模式更多的是在农村社区内部，基于"礼治秩序""差序格局""熟人社会""归属感"的农村社区秩序和"人际关系"等农村社区纽带，

通过农村居民协商制定的村民规约对自然资源和环境进行有效保护、合理利用，约束、指导农村居民的环境行为。对于外源性的环境问题，如工厂生产污染农村当地环境、城市地区向农村转移垃圾等，村民自治组织只能与之协商、向县乡政府及环保有关部门报告并请求处理，不能对其进行经济和法律制裁，更不能"以暴治污"。

二、自治型环保监管的地域基础不利于农村社区之间环境资源矛盾的解决

农村环境治理往往会牵涉到几个甚至更多的社区之间的环境利益。由于环境资源涉及的是人们最重要的利益之一，因而冲突常常难以避免。但是，自治型环保监管关系所依存的地域基础上的社区内部团结并不必然衍生到社区之间的关系上，实际的情况往往正好是内部的团结加剧了与外部的冲突。在传统的中国农村，最常发生于社区与社区之间的环境资源冲突是山林和水源纠纷。相对来说，山林属于容易划清边界的公地资源，一个社区的山林消耗不会损及另一个社区的利益。但是，山林的边界划分仍然存在一定的问题。而水资源的最大特征就是大范围内的公共性，河流的分布与流动不仅不能局限在一个村庄范围内，而且经常跨越县、市甚至国家的边界。河流用水纠纷既可能出现在河流两岸，也可能出现在河流上下游，由于用水冲突导致村庄之间小至争吵纠纷，大到大规模的械斗也并不少见。在自治型环保监管模式下，农村社区内部的社会纽带同样不利于村与村之间的纠纷解决。浙江省义乌市林业局的调查显示，在处理林地、林木权属争议时，当事双方的村领导出于私心，认为让步是出卖农村集体的利益，怕遭本村群众骂，所以调处时不讲风格、不讲团结、互不让步。甚至有村领导直接表示："等我们换届后再解决吧，弄不好我们要挨骂的。"[1]

---

1 楼明林，张也勇，陈天宝.林木、林地权属争议中存在的主要问题、原因及其对策[J].华东森林经理，1999，13（3）：30-31，53.

因此，这一层面上的环境资源管理必须对自治型环保监管模式做出补充。

第二节　自治型环保监管模式的实施障碍

一、工业化、现代化对传统农村社区的冲击

从中国乃至世界范围来看，现代社会在许多方面都对传统农村社区给予了巨大冲击，农村社区的合作优势正在消失，以农村社区为基础的自治型环保监管建构存在障碍。

（一）市场经济对传统农村社区关系的冲击

市场经济为人口与劳动力的流动提供了条件。我国正处于一个人口大量流动的时期，自 20 世纪末以来，农村外出务工人口已经超过了 1 亿人，且每年以几百万人的速度增长。[1] 这一数字的直观含义是，在许许多多的农村地区，除了农业生产所能够吸纳的大约一半的劳动力，再除了少部分在家务农经商者，其余大多数人都离开了自己的家乡。这种流动增进了社会进步，也对农村社区产生了副作用：农村居民从农村流出，农村社区的稳定性下降，农村居民对社区的认同感降低。即使是目前留在农村的农村居民，由农村迁往城市的愿望仍十分强烈。而一个想离开社区的人必然会中止为传统社会纽带投资的努力，而既有的社会纽带对他的约束力也势必下降。在市场经济条件下，费孝通所归纳包含"礼治秩序""差序格局""熟人社会""归属感"的农村社区秩序受到冲击，传统的农村社区体系难以健康延续，以此为基础的自治型环保监管面临障碍。

1　陶传进.环境治理：以社区为基础［M］.北京：社会科学文献出版社，2005：100.

（二）现代教育对传统农村社区文化的冲击

传统的农村社区自有传承传统文化的特殊方式，通过它传统的知识、经验与信仰能够由老一代人传到他们的后代身上。现代教育方式的引入取代了这种由上一代人对下一代人言传身教的教育方式，本土文化的传播渠道中断，社区文化传承中断。根据对丽江玉湖、玉龙、龙泉、署明这几个村寨的调查，60岁以上的人或多或少知道人类"崇"和自然神"署"是同父异母兄弟的典故，都参加过在本社区举行的东巴教祭祀自然神的"署古"仪式，而60岁以下的人就很少知道了。[1]传统社区文化中人和自然神圣和谐共存的关系失去了传承。与此同时，现代的科技知识中所隐含的对待大自然的工具性态度导致了人与自然关系的改变。将传统知识、价值体系与实践活动融为一体的社区文化为现代的具有明显工具性的科技、技能体系所取代。知识的中断只是环境保护手段的失去，但价值的中断则是一个祖祖辈辈形成的保护性社区的丢失。[2]

二、自治组织地位不明，权责不清

首先，法律地位不明。根据《村民委员会组织法》第二条"村民委员会是村民自我管理、自我教育、自我服务的基层群众性自治组织，实行民主选举、民主决策、民主管理、民主监督"，村民委员会是法律认可的村民自治组织。但是，《村民委员会组织法》的规定笼统，缺乏明确性和具体性。村民委员会的法律地位不清，导致其是否具有法人地位，如若具有属于何种性质的法人尚有争议，实践中能否对外签订协议、代表村民提起环境公诉等问题难以解决。其次，环境保护权利义务不明。第八条"村民委员会依照法律规定，管理本村属于村

1　杨福泉.丽江纳西族的社区资源管理传统［J］.思想战线，2000，26（3）：45-49.
2　WEERATUNGE N. Nature, harmony, and the Kaliyugaya［J］. Current Anthropology, 2000, 41（2）: 249-268.

农民集体所有的土地和其他财产，引导村民合理利用自然资源，保护和改善生态环境"，但规定过于原则化，缺乏可操作性。环境保护方面权利和义务的不明确，一方面，造成在实践中村民委员会管理农村环境事务的职能往往限于生活垃圾的收集与费用的征收，不能充分发挥组织村民开展环境自治的作用；另一方面，职权不明导致环保专项经费、专门机构和专业人员配置困难，村民委员会环境自治的能力严重不足。最后，缺乏监督机制。《村民委员会组织法》第二十三条规定，"村民会议审议村民委员会的年度工作报告，评议村民委员会成员的工作；有权撤销或者变更村民委员会不适当的决定；有权撤销或者变更村民代表会议不适当的决定"，但是对村民委员会的环境保护责任考核没有建立起来。第三十六条规定，"村民委员会不依照法律、法规的规定履行法定义务的，由乡、民族乡、镇的人民政府责令改正"。对村民委员会不履行环境保护义务或者村民委员会的决定造成环境破坏的，不存在环境责任的追究。

三、农村社区与政府权限边界不清

在农村，当地政府和基层自治组织是农村环保监管的两大主体。《村民委员会组织法》第五条规定，"乡、民族乡、镇的人民政府对村民委员会的工作给予指导、支持和帮助，但是不得干预依法属于村民自治范围内的事项。村民委员会协助乡、民族乡、镇的人民政府开展工作"。可见乡镇政府与村民委员会是指导与协助而非命令与服从的关系。但是，当前中国农村正处于急剧的社会变迁时期，加之经济社会发展地区不平衡，各区域具有特殊性，乡镇与村之间利益边界及权限范围模糊，乡镇政府为了动用尽可能多的资源对所在辖区的经济社会发展进行强力推动，往往利用行政权力对村民自治进行不当干预，变指导为领导。在许多农村地区，特别是西部贫困农村，村民委员会除了协助县乡政府收取农业税，开展计划生育工作之外，就没有开展过其他工作，更说不上环境保护职能的履行。政府包办不断降低社区的自我治理能力，长期习惯于听命于上的工作方式，村民委员会的环境自治能力亟待提高。"乡村关系"（乡镇政府与村民委员会关系）成为自治型环保监管模式的制约因素之一。

四、农村居民环保自治的能力不足

自我监管的有效性和可行性对村民的参与意识和自我约束能力水平的要求较高，即使是已经实行多年的村民自治制度，在许多农村地区还主要是一种政府主导的基层民主运动。在参与村级事务管理的过程中，村民逐步摆脱客体意识、臣民意识，已初步具备了现代民主制度所需的社会参与意识、主体意识，但这时主体意识、参政意识又带有一种不完全自觉的特征。来不及学习和适应村民自治正常运行所需规则的村民，不可避免地在潜意识深处残留习惯的观念和传统的思维方式，其中宗族势力在村庄选举中的复兴就是当前最为典型的表现。就当前农村的总体基本状况来说，并不完全符合环境自治的条件。首先，农村居民参与环境自治的动力不足。一方面，国家权力对农村自治权长期的、过度的干预造就了村民对政府的过分依赖心理，村民自治积极性不足，自我监管的能力不高；另一方面，为了追求收入的增加、物质生活的改善，农村居民可能为了短期经济利益破坏环境，滥用农药化肥、进行掠夺性开发，对自然环境价值的认知和尊敬成为遥远的高层次需求，环境保护成为政府的事情。即使是少数发达地区的农村，农村居民生活水平得到了一定改善，对清洁、健康、可持续的农村生产生活环境日益向往，也往往因为权利的行使需要付出一定的经济成本而缺乏维护自身环境自治权的动机。在环境问题与农业生产、生活不构成严重冲突的情况下，村民缺少对环境问题的主动关注和开展环境监管的热情。其次，农村居民参与环境自治的能力有限。我国农村居民受教育水平普遍低下，其知识结构主要服务于农业生产与日常生活，加之我国环境教育的滞后，农村居民很难对水污染、土壤污染防治和农业资源的保护有所了解。据调查，农村居民对农药、化肥会造成什么样的污染，受到污染后应当如何救济等环保知识都不是很理解，超过 1/3 的农村居民不知道农药对人体和环境是有害的，有 65% 的农村居民不了解虫害天敌或病虫害综合防治等概念，84% 的农村居民会超过规定标准剂量用药。[1] 这就决定了其环境意识普遍不高，维权意识普遍淡薄，不能认识环境问题的严重性和环境保护的必要性。农村居民自身的文化素质也决定了其主动获取环境信息的能力有限，对环境信息的理解能力有限。试问，整天为生计奔波的农村居民群体，有多少人会关注所谓主流媒体上公布的企业污染信息？又有多少人能看得懂环境污染指标、指数等复杂的专业术语呢？因而，农村居民往往忽视自身周围产生的环境问题，对环境问题对自身的影响不甚了解，不能及时采取充分的保护防范措施，参与环境事务更是无从谈起。

　　环境保护监督管理随着环境问题的产生而产生，也随着环境问题的发展而发展。环保监管模式作为环境保护监督管理的实现途径也不是一成不变的，而是随着人类社会的进步、经济水平的发展、环境问题的变化而不断调整，与时俱进。如果环保监管模式一直因循守旧，不但本身会失去应有的活力，而且直接影响环保监管的效果，阻碍经济、社会的可持续发展。只有能够客观调整各种现实社会关系，与时代发展相适应的环保监管模式，才能得到切实的贯彻和运用。因此，环保监管模式必须坚持动态发展，既符合目前的实际状况，又具有前瞻性和预期性，以适应不断变化的实际，体现时代特征。自治型环保监管模式脱胎于农村环保实践，符合环保监管模式的发展规律，已经在一定范围内取得了良好的环境治理效果，在广大农村地区有推广复

1　陆新元，熊跃辉，曹立平，等.农村环境保护与"三农"问题［J］.环境保护，2005（9）：15-21.

制丰富有益的土壤。其建构障碍中有些是社会发展浪潮带来的必然冲击，有些是民主化进程主旋律之上的若干不和谐音符，有的源于农村地区政治经济水平发展不平衡，这与任何环保监管模式建立之初遇到的阻力性质相同，是完全可以通过制度设计加以克服的。当前，许多农村地区主动效仿实施自治型环保监管模式并取得环境保护成效，如慈溪市 357 个村庄有近六成建立了村级环保自治组织，1.5 万余名农村环保志愿者守护着绿色家园，其中周塘西村自治组织成立当月就成功阻止了一家污染企业落户本村。云南文山州也通过建立村民自治环境管理制度、成立环保协会、选举产生公共卫生保洁员、建立专项环保基金机制等措施探索实施自治型环保监管。综上，自治型环保监管模式虽然还是一个新话题，却并非空中楼阁，具有很强的现实可行性。从金塘村实践中培育出的这一环保监管草根模式，完全有可能在我国广大农村地区复制和推广。

第三节　自治型环保监管模式有效实施的前提

我国环境社会自治虽然有一些成功案例，但与发达国家相比，其发展仍然相对滞后。不仅环保社会组织的数量、规模、资金、影响力仍比较有限，环境社会自治以来的法律保障、政策环境、实现渠道等在某种程度上也仍然处于起步阶段。有学者指出，对于后发现代化国家而言，政府应当"创造社会自治的条件，引导、鼓励社会自治和激发社会成员自我治理的热情"，并"对社会治理群体中的自我服务负有引导、监督的责任"。[1]环境社会自治需具有以下一些前提条件：（1）环境权益的保障，包括环境知情权、参与权、监督权、治理权等；（2）公众环境意识和自治能力的提升；（3）社会自治激励与约束机制的建立。随着我国前期环境社会自治经验的积累

---

1 朱晓红，罗婷婷.浅论政府对非营利组织的引导与规范［J］.学理论，2009（30）：33–35.

和法规政策的不断完善，上述条件有望具备。农村环境自治的有效实施也需要以这些条件为保障。

一、前提之一：农民环境权益的保障

（一）环境权与农民环境权

在原始社会和农业文明时代，由于经济技术落后，人们对自然资源没有能力大范围地开发，因而很少出现大范围的环境公害事件，也就没有环境权的概念。随着工业文明的不断发展，人们不断追求经济发展的速度，也不断挑战环境容量的底线，环境危机事件的不断发生和恶劣影响使环境权受到关注。环境权是环境法的一个核心问题，不少学者认为，真正意义上的环境保护措施是在 20 世纪才出现的，更准确地说是 60 年代末，即联邦德国的一位医生针对有人往北海倾倒放射性废物而向欧洲人权委员会提出控告，认为这种行为违反了《欧洲人权条约》中关于保障清洁卫生的环境的规定。虽然当时欧洲人权委员会以欧洲人权条款中没有环境权的规定为由驳回了控告，但环境权的保护自此引发了世界范围内广泛而持久的关注。1969 年美国密歇根州立大学一位教授以"公共信托理论"为依据，提出了公民享有环境权的理论。1972 年联合国在瑞典首都斯德哥尔摩召开的人类环境会议上通过的《联合国人类环境会议宣言》提出："人人有在尊严和幸福的优良环境里享受自由、平等和适当生活条件的基本权利。"至此环境权作为一项新兴的基本人权被确立下来。1992 年里约热内卢会议再度重申，人（类）享有自由、平等与在一个优质环境中过有尊严与幸福生活必需条件的基本权利。

环境权就是公民享有健康的、安全的、无害的环境的权利，它并非一项单独的权利，而是一个由公权与私权、程序权利与实体权利所构成的内容丰富的权利体系。环境权是个人属性与集体属性的统一。

它既是个人权利，也是集体权利，其主体包括自然人、法人和其他组织。环境权还是代内权利和代际权利的统一，一方面要求代内公平，另一方面又强调代际的正义。环境权在程序上表现为环境信息知情权、环境事务参与权以及环境救济请求权，实体上则被赋予民事权利的性质，以环境的开发、利用权为中心，体现作为公共物品的环境对公民的客观价值。

农民环境权是开展乡村环境治理的前提和基础，是指生活在农村地区的居民所享有的环境享用权、环境收益权、环境知情权、环境参与权、环境请求权等。然而在实际生活中，这种应然权利没有得到应有的彰显。前文论述的农民环境角色的错位，本质上就是农民环境权的缺失。在自治型环保监管中，农村居民运用其拥有的社会资源，行使环境知情权、环境参与权、环境保护监督权等程序性环境权，制约国家权力和其他社会权力，进而保障自身清洁水权、清洁空气权等实体性环境权益的实现，并保护和改善农村整体生态环境。

（二）农民环境权益的法律保障

环境权的核心是确认人在环境中生存的权利主张的法律依据问题，目标是要在传统法律之上建立一种新型的法律关系，进而推动法律实践。按照传统的民事权利体系，财产权、人身权作为环境侵权行为的侵害客体自无争议，然而公民对作为无主物的空气、阳光、水等环境要素却不能提出权利要求。在环境问题日益严峻并不断以新形式出现的今天，越来越多的人认识到将环境侵权的侵害客体仅限于传统的人身权与产权具有很大的局限性，不仅排除了对公民环境权益的私法保护，也不利于环境保护事业的进步。为了对环境权益予以充分的救济，有必要确立环境权的概念并赋予其与人身权和财产权同等的地位。1962 年 R. 卡逊《寂静的春天》的发表引发了因美国民权条例"没有保护公民的环境权"而掀起的关于环境权的大辩论。美国 1969 年的《国家环境政策法》规定了环境权的内容。1972 年《联合国人类环境会议宣言》更是表明了环境权开始为世界所接受。不少国家明确在宪法中确认了环境权为公民个人的基本权利。如韩国宪法第 33 条规定："国民有生活于清洁环境之权利，国家及国民，均负有环境保护的义务。"日本宪法第 25 条规定："一切国民都享有维持最低限度的健康和有文化的生活权利。"俄罗斯联邦宪法第 42 条规定："每个人都享有良好的环境、被通报关于环境状况的信息的权利，都有因破坏生态损害其健康或财产而要求赔偿的权利。"[1] 而环境权在我国宪法中规定得过于原则化，《中华人民共和国宪法》第二十六条规定，"国家保护和改善生活环境和生态环境，防止污染和其他公害"。环境权在立法上的确立为环境侵权的受害者寻求法律救济提供了法律上的依据。但是由于缺乏对环境权明确、具体的规定，我国整个法律体系对环境权的保护呈现出一种低调的姿态，被害人提起环境侵权诉讼时往往因为权利依据不明确而受到种种限制，影响权利要求的实现。[2] 目前，各国普遍重视环境立法，我国也相继出台了许多法律。诸如《中华人民共和国森林法》（以下简称《森林法》）、《中华人民共和国海洋环境保护法》、《大气污染防治法》、《水污染防治法》，可以说，从整体上说，我国的环境法律体系在世界上并不落后，可惜的是，保护公民环境权的立法至今还很薄弱。首先，我国的一系列环境法带有浓厚的公法性质，它们主要针对国家对环境的管理和对破坏环境者的处罚而言，即使偶尔涉及民事争议条款，也显得很粗陋。实际上，公民环境权的侵权与传统侵权无论在特征还是在处理方式上都有很大差异。其次，环境法的立法理念亟待转变。一方面，我国环境法多是有关对环境损害的处罚性规定，以"治"为主，缺少"防"的思想，而环境损害往往具有潜伏性、长期性、扩散性的特点，若待损害事故发生后再治理，往往过于滞后。另一方面，我国处罚的多是污染、破坏环境的行为，重在保护环境的安全、卫生，而随着社会的发展，人

1　周作翰，张英洪．当代中国农民的环境权［J］．湖南师范大学社会科学学报，2007，36（3）：5-11.
2　关慧．中美环境侵权及救济方式比较研究［D］．重庆：重庆大学，2005.

们更多地追求舒适、优美的环境，这对立法提出了更高的要求。最后，《中华人民共和国环境噪声污染防治法》《水污染防治法》《环境影响评价法》《清洁生产促进法》《环境影响评价公众参与办法》《环境信息公开办法》等具体法律法规中，涉及了公民环境知情权、监督权、参与权等有关内容，但对程序性环境权缺乏系统性规定。

农民环境权的保障是自治型环保监管有效治理的前提和基础。只有农民参与农村环境治理有了明确的法律依据和切实有效的制度保障，农民保护环境的积极主动性才能被充分激发和调动起来，在实现和保障自身环境权益的同时，保护和改善农村整体生态环境。在本章的后半部分，将专节围绕农民环境权益的保障进行自治型环保监管模式的制度设计。

二、前提之二：农民环境意识和自治能力的提升

（一）德国生态环境治理的经验与启示

自治型环保监管模式本质上是一种基层民主。民主运行的必不可少的条件之一即是公民精神和公民素质。"要实现善治，就必须使公民享有足够的参与选举、决策、管理和监督等权利，其现实的机制只能是民主政治。"[1] 马克思曾指出，民主是社会把国家政权重新收回，把它从统治社会、压制社会的力量变成社会本身的生命力。而这种收回的过程"是以公民社会不断提升自身的自治能力为前提的"。德国曾经是世界上环境污染最严重的国家之一，经过 30 多年的生态治理，德国已成为世界上公认的环境保护最好、生态治理最为成功的国家之一，其成熟高效的环境治理模式也备受称道，在"先污染、后治理"的过程中，积累了丰富的环境治理经验。德国环境治理卓有成效的重

---

1 马华.从制度、组织到能力：村民自治实现方式的发展及其反思——对三个"村治实验"样本的观察［J］.社会主义研究，2015（3）：83-88.

要原因在于，合理多元的环境治理结构的构建充分体现了生态现代化的优点，即将政府规制、公民参与和企业合作结合起来。德国环境治理结构之所以能够发挥效用，具有其潜在的社会基础和政治文化前提。一方面，德国在 20 世纪初已实现工业化、在六七十年代开始向后工业社会转型，拥有以中产阶级为核心的群众基础，持有后物质主义价值观，对生态环境和生活质量具有更高的精神诉求；另一方面，德国在第二次世界大战后认识并强化政治启蒙教育在现代化民主国家建设过程中的重要作用，其政治教育的目标是"促进民众对政治实情的理解，增强民众的民主意识，加强政治参与的准备和能力，促进以民主、宽容和多元化为基础的政治觉悟的发展"，逐步实现从"精英文化"到"参与型文化"的政治文化转型，公众形成了较强的政治参与意识和能力。正是公民环境权利意识的觉醒和环境公共决策的参与能力提高，使两者并行不悖，才能共促德国环境治理渐趋完善。[1] "他山之石，可以攻玉"，巩固生态价值观在国家治理中的核心价值观地位与加强公民的环境教育、政治参与能力建设相结合是德国环境治理的成功经验之一，对我国应对现代化进程中的环境问题不无借鉴意义。

（二）我国环境治理的成就与新形势、新要求

我国的环境治理具有显著的自上而下、政府主导的特点。改革开放以来，我国经历了工业化、城镇化的快速发展，实现了从低收入国家向中等收入国家的转变。在这个过程中，我国的环境治理在曲折中不断前行，总体上重复了发达国家普遍走过的"先污染、后治理"的发展道路。针对日益恶化的环境污染形势，我国先后在 20 世纪 90 年代以后陆续开展了"三河"（淮河、海河、辽河）、"三湖"（太湖、滇池、巢湖）水污染防治，"两控区"（酸雨污染控制区和二氧化硫污染控制区）大气污染防治，"一市"（北京市）、"一海"（渤海）

1　邹晓燕.德国生态环境治理的经验与启示［J］.当代世界与社会主义，2014（4）：92-96.

的污染防治工作。"十一五""十二五"期间，我国以"总量控制"制度为抓手、推动主要污染物减排，并取得积极进展。党的十八大把生态文明建设放在突出地位，并将其纳入中国特色社会主义事业"五位一体"的总布局，我国生态文明建设进入新阶段，从 2013 年开始先后实施大气、水、土壤污染防治三大行动计划。2018 年，以七场标志性战役为主要内容的污染防治攻坚战全面展开。

党的十九大把"坚持人与自然和谐共生"作为新时代坚持和发展中国特色社会主义的基本方略，全国生态环境保护大会又将其作为新时代推进生态文明建设必须坚持的重要原则。这些举措为我们科学把握和正确处理人与自然关系提供了根本遵循。我们党正从治国理政的高度，以国家意志大力推进生态文明建设。在把"坚持人与自然和谐共生"放在首位，用"绿水青山就是金山银山"的思想来处理发展与保护的关系，"生态惠民、生态利民、生态为民""山水林田湖草是生命共同体"，用"最严格制度、最严密法治"为生态文明建设保驾护航，共谋全球生态文明建设，深度参与全球环境治理等生态文明思想的引领下，我国环境保护立法、组织体系、政策体系、监管方式、责任体系和问责机制等诸多方面都发生了深刻变化，环境治理体系正处在不断完善中。

党的十九大报告提出了"构建政府为主导、企业为主体、社会组织和公众共同参与的环境治理体系"的指导思想。因为只有通过政府、企业和公民社会的良性互动，才能共促经济绩效、环境绩效、社会绩效最大化的治理目标。这对公民环境教育和政治参与能力建设提出了更高要求。但是"民主制度本身并不能自然地造成具备参与民主政治素质的人民，合格的公民要通过民主政治的文化教育和社会实践才能产生"。由于我国环境治理一直存在过分依赖行政监管的倾向，近年来，虽然我国公民环境意识觉醒，但总体上政治参与能力不足。而自治型环保监管所依赖的村民自治形成于改革开放之后，尽管这一时期农村与城市之间的流动加剧，但是城乡二元结构依然没有改变，农村与城市之间的差距越来越大。特别是农村的教育水平与城市相距甚远，导致农民的整体素质，特别是文化素质不高，而民主的运行与农民文化素质的高低紧密相关。文化素质对农民的束缚导致了农民的表达、监督和合作能力缺乏。民主的核心动力在于公民的积极参与，村民自治良性运作的必要条件是作为参与主体的农民的有序参与。然而由于机制不健全、诉求表达渠道不畅通、农民的利益表达能力欠缺、合作能力不足、参与成本过高等原因，农民对"民主选举、民主决策、民主管理、民主监督"普遍呈现出参与过度和参与不足两种截然不同的现象。部分村庄精英利用自身的政治和经济优势，干预村庄选举和管理，结果导致自治失序，还有部分普通村民受能力的限制，政治效能感较弱，导致参与冷漠。[1] 由此，村民自治陷入能力困境，而这种困境也自然地投射到环境自治领域。

（三）提升农民环境意识和自治能力的途径

农村环境自治要从理论层面转化为实践层面，需要以农民良好的环境意识和自治能力为基础，需要政府履行教育引导保障责任，通过环境伦理宣传与自治文化教育激发精神动力，通过环境科学研究和自治体制创设来提供知识指导，通过环境人才培养和自治资金援助来克服具体困难，通过环境法律制定和自治政策安排来构筑外部保障等，在农村环境自治中发挥最初的推动作用。

（1）提升农民环境意识和自治能力，要在农村广泛进行公民教育，努力夯实村民自治的基础。从提高村民自治能力的角度出发，所进行的公民教育应当包括公民意识教育和公民能力教育。通过公民意识教育使村民充分认识其在村庄公共管理中的主体地位和主人翁精神，产生对村庄公共事务强烈的责任心，使其逐步理解和尊重村民自

---

[1] 马华 . 从制度、组织到能力：村民自治实现方式的发展及其反思—— 对三个"村治实验"样本的观察［J］. 社会主义研究，2015（3）：83-88.

治制度的原则并且在此原则下行事。公民能力教育能够培养公民独立的政治分析和判断能力，可以提高村民参与农村各项自治活动的能力、伦理道德指引行为的能力，以及理性思考、实践创新、遵守制度的能力。

（2）提升农民环境意识和自治能力，要在农村大力发展文化教育，积极营造村民自治的良好文化环境。农村文化教育的核心是提高农民的综合素质，因而也直接决定着村民自治主体自治能力的高低。2013 年华中师范大学中国农村研究院依托"百村观察"项目平台，对全国 31 个省（自治区、直辖市）208 个村庄共计 5 719 位农户进行了调查研究。考察不同受教育程度的农民群体，他们的环境保护参与和环境保护意识都呈现正相关关系。文盲农民的环保参与得分最低，为3.84；小学、初中、高中层次农民群体的环保参与得分分别为 4.26、4.52 和 4.66；大专及以上层次农民群体的环保参与得分最高，为 4.77，受教育程度越高，环保参与越多。因此，政府要进一步加大对农村文化教育的投入；把农村文化教育纳入各地经济社会发展的总体规划；地方教育主管部门要结合各地实际情况，整合教育资源，实现农村义务教育、职业教育和成人教育资源的互补和共享，逐步建立普通教育与成人教育、学历教育与非学历教育并举的农民终身教育体系；将农村教师队伍的建设与农民文化教育结合起来，教师应既注重培养村民的文化知识，又注重激发其求知的欲望和引导其树立正确的价值观念；在基层农村宣传、教育和弘扬高尚文化，注重陶冶农民的情操，促进乡村文明积极健康发展。

（3）提升农民环境意识和自治能力，要在农村持续推进法制教育，为村民自治提供有力的法治保障。具有相当法治意识和法律知识的村民，是村民自治的主体基础。良好的社会法制环境，同时也是村民自治的基本保障。要建立健全有效的法制教育体制，根据各地农村的不同情况探索符合实际需要的、多样化的法制教育模式和方法，有针对性地建立包括农村普法、专门的法制培训、法律知识讲座等在内的综合性法制教育体系。农村法制教育尤其要注重对村民和村干部民主法治意识观念的引导和塑造，引导村民和村干部树立正确的自我管理、自我服务、自我监督的权利和义务观念。

（4）提升农民环境意识和自治能力，要在农村大力深入开展环境教育，提高村民参与环境事务的能力。通过学校、社区、媒体、环境宣传教育基地等多渠道提升居民环境意识和理性参与环保事务的水平，帮助农民充分理解我国环境保护的政策和相关法律法规，充分认识自身在环境保护中的主体地位，把自身的行为和周围环境密切联系起来，通过自身行为的优化避免对环境的破坏，并自觉影响和监督他人共同维护农村生态环境；要通过环境教育，使农民具备基本的环境科学知识，提高对环境问题的洞察力，及早发现和遏制环境风险，积极有效地规避环境侵害，更好地保护自己的人身财产权利。

（5）提升农民环境意识和自治能力，要积极创新村民自治的实践教育，不断提高村民自治的能力与水平。农村社会成员对共同利益的维护以及高度的伦理自觉是通过实践来强化的，在参与环境保护的过程中，对环境保护社会整体利益目标的认同感增强，对环境保护的责任理解更加深刻，在参与中得到不断提升的责任意识最终升华为农村居民的理性自律精神，并促使其更加主动地参与环境事务。因此，除了培养自治能力所需要的基本素质之外，还要创造条件让村民有机会参与环境自治，对农民环境自治实践予以制度、经费等支持，为农民自身的环境友好行为以及自发开展的环保公益活动提供软硬件方面的最大便利。比如，金塘村的农民环保学校，当地政府就从经费、师资等方面进行了支持。在制度保障方面，还要进一步完善坏境保护尤其是农村环境保护相关法律制度，在明确农民实体性环境权的基础上，设计利于农村居民参与环境保护的程序，保证农村居民环境参与权的实现。此外，还要积极培育环保社会组织成长环境，形成和完善社会自治平台与沟通渠道。

三、前提之三：环境自治激励机制与自治约束机制的建立

（一）环境自治激励机制的建立

社会自治不仅可以对政府管理和市场作用形成有效补充，促进政府这只"看得见的手"和市场这只"看不见的手"更好地发挥调节作用，同时也可以克服不同程度的"政府失灵""市场失灵"，在实现自然环境资源合理配置、加强环保监督管理、有效解决环境问题等方面发挥其特殊而重要的作用。因此，政府应当对社会自治充满信心，结合政府职能转变，积极为社会自治创造条件，激发社会成员自我治理的热情，同时对社会自治进行必要的引导、协助、监督，但要防止演变为过度干预或破坏。因此，这里讨论的环境自治激励机制，不同于前文开展环境教育提高村民参与环境事务的能力和为农民自身的环境友好行为以及自发开展的环保公益活动提供软硬件方面的最大便利等，而是明确行政权和自治权的界限，以不干预、不越界的姿态体现政府对环境自治的鼓励和支持，通过对政府环境管理职能的科学转变来开拓农村环境自治的应有空间。对于一定的公共事务治理来说，社会自治也是通过政府职能的改变和政府规模的缩小来获得自治空间的，政府在何种程度上从社会日常生活的领域中退出，社会自治的成长也就在何种程度上成为可能。[1]一般情况下，社会自治组织应作为环境社会自治的中心力量，政府应仅限于法规要求、政策支持、方向与模式建议、诉讼协助等，具体包括帮助村民建立实现利益的保障体制、维护村社在行政权退出后的稳定、引导乡村现代化进程等。村民自治的健康发展使农民得到充分的自治，充分发挥他们的创造性，同时发挥政府权力的积极作用，使之逐渐走上正轨。

英国政治学家赫尔德在《民主的模式》一书中说过，"在今天，民主要想繁荣，就必须被重新看作一个双重的现象：一方面，它牵涉

---

1 张康之.公共行政中的哲学与伦理［M］.北京：中国人民大学出版社，2004：242.

到国家权力的改造；另一方面，它牵涉到市民社会的重新建构。只有认识到一个双重民主化过程的必然性，自治原则才能得以确定：所谓双重民主化即是国家与市民社会互相依赖着进行的转型"。村民自治过程中的行政化倾向或者村民委员会的"过度组织化"就是涉及赫尔德这里所提到的民主的双重化问题。行政化问题是一个涉及乡镇政府与村委会关系的问题，反映的是国家与社会的关系，其实质就是强国家弱社会的模式。

　　具体到农村自治以及农村环境自治而言，2018 年修订的《村民委员会组织法》第二条、第五条分别规定："村民委员会是村民自我管理、自我教育、自我服务的基层群众性自治组织，实行民主选举、民主决策、民主管理、民主监督。村民委员会办理本村的公共事务和公益事业，调解民间纠纷，协助维护社会治安，向人民政府反映村民的意见、要求和提出建议。村民委员会向村民会议、村民代表会议负责并报告工作。""乡、民族乡、镇的人民政府对村民委员会的工作给予指导、支持和帮助，但是不得干预依法属于村民自治范围内的事项。"由以上法律规定可以看出，镇政府与村民委员会的关系是"指导、支持和帮助"，而不是上下级的关系，镇政府对村民委员会没有领导的权力也没有监督的权力，村民委员会充分享有自治权，协助乡、民族乡、镇的人民政府开展工作，乡镇政府在不得干预依法自治的情况下，对其进行指导、支持和帮助，更多地体现出政府对村民委员会的服务职能，很少有涉及政府的强制力。但现实中，由于法律对乡镇政府和村民委员会之间的关系规定得还是过于简单，乡镇政府实际上的相对强势，常常使得乡镇政府对村民委员会的指导、支持和帮助变成一种领导，村民委员会好像成为乡镇政府的下属机关或派出机构，村民自治权受到了侵犯，具体表现为：乡镇政府控制村民委员会的人事任免权，甚至出现直接操控村委会选举，不经村民大会投票表决便随意撤换"不听话"的村委会成员的极端现象；随意干涉村务，干预村委会的民主决策过程，更有甚者直接委派相关人员到村中"督导"，实为管理；还有的乡镇政府利用村党支部在村内事务中的领导核心作用以及其在部分职能上和村民委员会的重叠，利用党组织的下级服从上级的领导原则，通过乡镇党委将自己的意志传达给村党支部，插手干涉本应该村民委员会自行管理的事务。合理解决乡镇政府与村民委员会之间的权责冲突，明确行政权与自治权的界限，是村民自治的重要前提。在现代民主法治的语境下，政府的权力来源于人民的委托与授予，而人民对公共权力的授权是有限的。法治的核心之一就是要以法律的权威避免权力的滥用，因此法治政府必须是有限政府，只能在法律规定的职权范围内依法活动，未经法律授权，行政机关不得作出影响公民、法人和其他组织合法权益或增加公民、法人和其他组织义务的决定。2018 年修订的《中华人民共和国地方各级人民代表大会和地方各级人民政府组织法》第六十一条规定："乡、民族乡、镇的人民政府行使下列职权：（一）执行本级人民代表大会的决议和上级国家行政机关的决定和命令，发布决定和命令；（二）执行本行政区域内的经济和社会发展计划、预算，管理本行政区域内的经济、教育、科学、文化、卫生、体育事业和财政、民政、公安、司法行政、计划生育等行政工作；（三）保护社会主义的全民所有的财产和劳动群众集体所有的财产，保护公民私人所有的合法财产，维护社会秩序，保障公民的人身权利、民主权利和其他权利；（四）保护各种经济组织的合法权益；（五）保障少数民族的权利和尊重少数民族的风俗习惯；（六）保障宪法和法律赋予妇女的男女平等、同工同酬和婚姻自由等各项权利；（七）办理上级人民政府交办的其他事项。"结合我国村民自治的相关规定和其体现的自治精神，乡镇政府的职权范围主要包括：经济与社会发展计划、预算，农村土地使用权转让监督，教育与卫生总体规划，计划生育监督，公安，妇女与儿童权利保障。其余事项则都可以纳入村民自治的范围。

在强调对乡镇政府行政权的限制的同时，必须清醒地认识到，因为当下农村社会、经济、文化发展的极不平衡和农民民主意识亟待进一步提高，乡镇政府对村民自治的指导、支持和帮助功能是不可或缺的重要力量。只有当村民自治更方便的前提条件都充分成熟时，行政权力才能逐步直至完全淡出。"在民主化的过程中，不可能简单地将国家力量和政府行为视为消极的，在一定条件下，它会起到不可替代的积极作用，特别是对于发达的国家组织系统在历史上长期延续下来的中国来说，民主化进程应该充分利用国家的力量和政府行为。"[1]

（二）环境自治约束机制的建立

著名政治学家萨托利认为，从概念上说，自治不难定义，是指我们自己治理自己，当把这一概念用于现实世界时，就必须进行经验考察。这种考察要确定自治的强度，即该词（于相关对象）是广义上还是狭义上的应用，以及应用范围多大[2]。他实际指出任何自治都是有一定限度的，这个限度对于不同对象和不同地区的国家而言可能又是不同的。[3]在当代中国农村，村民自治也是一种有限度的自治，而不是无限制的绝对的自治。所谓"耶稣的归耶稣，凯撒的归凯撒"，政府职能定位于公共服务的供给与公共决策，村民自治定位于组织内部自治事务的管理。村民自治不能超越法治的红线，法治也不能侵犯自治的领地。自治与法治的准确定位有利于革除政府缺位、越位的弊病，也有利于防止村民自治中的权力膨胀与扩张失序现象。国家作为全社会利益的总体代表，在尊重农村社区依法自治的前提下，对其不足的一面应进行必要而适当的干预；同时在村民自治失灵或越界时，例如利用自治形式侵害个人利益或公共利益时，应当在法治的框架内及时矫正、制止，保证村民自治不会偏离方向。比如《村民委员会组织法》

1　杨解君，王松庆.论行政违法的本质与特性［J］.南京大学学报：哲学·人文科学·社会科学，1997，34（3）：188–192.
2　乔·萨托利.民主新论［M］.冯克利，阎克文，译.北京：东方出版社，1993：73.
3　约翰·罗尔斯.正义论［M］.何怀宏，何包钢，廖申白，译.北京：中国社会科学出版社，1988：226.

第二十七条规定，"村民自治章程、村规民约以及村民会议或者村民代表会议的决定不得与宪法、法律、法规和国家的政策相抵触，不得有侵犯村民的人身权利、民主权利和合法财产权利的内容"。又比如《中华人民共和国农村土地承包法》（以下简称《农村土地承包法》）第十四条赋予发包方监督承包方依照承包合同约定的用途合理利用和保护土地，以及制止承包方损害承包地和农业资源的行为的权力；同时直接规定承包方维持土地的农业用途，未经依法批准不得用于非农建设，以及依法保护和合理利用土地，不得给土地造成永久性损害的义务。《农村土地承包法》还对合同的内容作出了以土地资源保护为目的的强制干预，使保护土地资源的国家意志进入民事合同。

第五章　自治型环保监管模式的制度构建

第一节　自治、法治、德治相结合的乡村治理新思路

一、自治、法治、德治相结合的乡村治理体系的提出

　　乡村治理是国家治理的基石。没有乡村的有效治理，就没有乡村的全面振兴。自治是村民通过自我教育、自我监督、自我管理、自我服务自主处理本村公共事务，法治是以普遍的、明确的和具有可操作的法律规则来规范村民的行为，德治则是通过营造、传承文明乡风民俗实现治理。三种类型的治理各有所长也都存在不足。自治能够以村民根本利益为出发点，充分调动村民的主体性、积极性，一方面基于"礼治秩序""差序格局""熟人社会""归属感"的农村社区秩序和"人际关系"等农村社区纽带，其运行不具有强制性，对外部原因引发的公共事务的处理能力有限；另一方面，自治也要有约束，没有法治精神的自治容易沦为人治。法治具有强制性和权威性，但正如美国法学家罗尔斯所言："法律能禁止违法行为，却不能使公民主动行善。"法治还有较高成本，且法的实施效果很可能因诸多因素影响与立法的期待有距离。德治主要依靠人的道德自律，通过社会舆论、风俗习惯、内心信念规范人们的行为，是一种强大的"软约束"，但道德感化的作用是有限的，强制性的约束必不可少。伦理道德作为社会政治规范参与乡村治理时，必须以稳定的治理秩序为先决条件。

　　党的十九大报告指出，要加强农村基层基础工作，健全自治、法

治、德治相结合的乡村治理体系。《中共中央 国务院关于坚持农业农村优先发展做好"三农"工作的若干意见》强调，增强乡村治理能力，建立健全党组织领导的自治、法治、德治相结合的领导体制和工作机制。《中共中央 国务院关于实施乡村振兴战略的意见》对我国乡村治理体系进行了更完善的政策布局，包括深化村民自治实践、建设法治乡村、提升乡村德治水平等。乡村治理是乡村振兴的重要驱动，自治、法治、德治相结合的乡村治理体系是符合我国国情特点的，更加完善有效的多元主体、多元规范的合作治理。在这一体系下，村民的主体性和积极性被充分调动起来，能够充分发挥社会力量的基础性作用，成为法治和德治的前提与基础；法治则凭借法律的优良性和强制性为自治提供制度保障，并在全社会范围内形成保护环境的道德文化氛围；德治通过不断提升村民的思想道德素质，为自治和法治减少障碍，进而提供价值支撑与指引。自治、法治、德治相结合，才能有效提升乡村治理水平，促进乡村振兴战略顺利实施。

二、"三治结合"乡村治理思路中自治的基础性作用

乡村治理实践中，自治是基础，基层自治是国家法定的以村民权利为本位的基本政治制度，是农村民主政治的具体体现，是基层社会治理的根本目标和"源头活水"。离开了村民自治，法治和德治将难以有效运转。

具体而言，一方面，缺少村民自治的法治难以在村庄得到实施。法治注重强调国家权力的统一调适，法律制度具有权威性、普遍性但也有滞后性且缺乏针对性，不能完全概括人们千差万别的行为，也不能有效应对不同村庄的特殊需求。如果一个主要以城市社会的交往规则为主导的全国性法律的规则体系被确定为标准的参照系；如果涉农法律法规及政策仅仅是由在城里居住的专家学者起草拟定，对通过国外考察获得的先进经验倍加推崇，却不实际深入广大农村了解农业生

产生活的具体特点；如果农村居民在千百年的生产生活实践中积累的经验和制度财富在立法层面几乎不能得到采纳，农村现实需要和农村居民的特点完全得不到充分考虑，这样的法治只可能如无源之水、无本之木而停滞不前。因此，在制定涉农法律法规及政策时，应充分结合地方实际，考虑可操作性，并将一些地方传统优秀规范资源吸纳到具体规范当中。此外，自治还是法治的有效补充，基于村民自治的法治能够有效降低治理成本。迄今为止，乡村经济活动和日常生活中仍然存在着大量法律尚未给出明确规定的问题，如果诉诸法律，往往出现花费大量人力、物力、财力却无法得到有效解决的结果。通过自治对这些问题进行相应的规约和管理，不仅可以大大降低法治的成本，而且能够产生良好的实际效果。

另一方面，德治离开了村民主体性的发挥也容易流于形式，甚至走向虚无。近年来，一些村庄为了片面追求形式化的"德治"，常常以笼统、抽象的口号和条文进行道德说教，以至于引起村民的反感和排斥，难以在乡村治理中发挥作用。村庄共同体长期形成的以风俗、习惯和村规民约为主要形式的道德规范，往往来自村庄成员"维护共同体伦理认同和道德共识的形式原则"，也是村民日常道德判断、道德选择和道德认同的基础。因此，德治在乡村治理实践中必须始终关注作为村庄主体的村民的道德认知和实践，从村民日常生产生活中总结提炼道德规范，从而使其真正得到村民的认同和接受。

第二节　自治主体环境权力（利）的保障

环境治理是乡村治理的重要内容。在以自治为基础的新型乡村治理思路下，自治型环保监管模式的研究有了更深刻的意义。自治型环保监管模式的有效运行要求将其纳入制度化的轨道。所谓制度，即为稳定的、受尊重的和不断重现的行为模式。制度化是组织与程序获得价值和稳定性的过程。[1] 环境自治权是自治型环保监管的核心内容，也是村民自治权的重要内容，只有赋予农村居民自我管理环境的权利并加以保障，才能使自治型环保监管在村民自治体制中更强化、更突出，从而更好地解决迫在眉睫的环境问题。因此，本书从农村居民环境自治权的明确与实现的角度进行自治型环保监管模式的制度构建。

保障农村居民的环境自治权，首先要明确划分政府与农村居民（农村环保自治组织）的事权范围。农村公民社会的发展使得社会与政府逐渐分离，由于社会自治在民主和效率等方面的优势，政府逐渐从农村环保自治力量业已形成的事务范围内适时和适度退出，从而促使自治型环保监管模式这一全新的环境治理方式的产生，体现了政府在环境治理领域向社会的放权与社会的分权。政府主要在环境政策制定与环境规划、提供重大环境公共产品、环境监督管理以及环境教育等方面发挥作用，对自治型环保监管模式的产生和实施进行推动和引导。一是在自治型环保监管模式形成过程中发挥最初的推动作用。如通过环境伦理宣传和自治文化教育来激发精神动力，通过环境科学研究和自治体制的创设来提供知识指导，通过环境人才培养和自治资金援助来克服具体困难，通过环境法律制定和自治政策安排来构筑外部保障等。二是通过对农村环境自治行为的监督来确保自治型环保监管的健康发展。这种国家权力对社会权力的监督既是为了防止农村环境自治行为对自治体成员基本权益的侵犯，又是为了避免自治型环保监管行为本身偏离维护农村公共环境利益的宗旨，同时阻止特定范围内的农村环境自治行为侵犯更大范围的公共利益。但是，政府对自治型环保监管的支持和监督只是为其健康成长和发展创造更加有利的条件，不应当演变成对农村环境自治的不当干预和破坏。当农村环境自治发展到高度成熟的历史阶段时，政府的引导性环境责任或许就可以退出历史舞台。

1 俞可平.西方政治学名著提要［M］.南昌：江西人民出版社，2000：381.

一、自治主体环境规章制定权及其制度保障

《环境保护法》《农业法》《土地管理法》《水法》《森林法》《草原法》《大气污染防治法》《水污染防治法》《畜禽业污染管理办法》《农药管理条例》等法律法规为农村环境保护勾勒了界线与底线。当然，由于农村环境问题及农村社会本身的特殊性，在这个框架下还留有农村社区环境自治的空间，主要就是通过环保村规民约发挥作用，如规定人们不准乱砍滥伐、乱打鸟类，违者罚款，或者农药品、化肥袋、农用地膜、各类塑料包装袋等严禁乱扔乱丢。国家法律与村规民约分别在宏观领域与微观领域引导及制约着村民的环境行为。环保村规民约是民间习惯法的重要组成部分。农村习惯法作为融入农村村民生产生活之中的行为规范，在维护乡村秩序、构建社会交往、规范人们行为等方面发挥着重要作用。[1] 梁剑兵在《软法律论纲》中指出，所谓民间习惯法，是在法律多元主义语境下对民间习惯和伦理规则所作的攀附性法学解释，实质上，民间习惯法只是一种社会秩序而不具有法律规范的基本特征，[2] 因此，环保村规民约不经过国家认可不能直接构成国家法律体系的组成部分。对习惯法的正式承认是国家立法活动的重要方面，因此，应当通过授权和认可使环保村规民约上升为软法，与硬法共同作用于农村环境保护。根据《村民委员会组织法》的规定，村委会可以对国家和地方环保法在本村的具体实施制定相关实施细则，还可以根据授权，以自治规章的形式规定村民及在本村范围内的所有人，包括临时路过的人的环保行为准则。这既是对村民及村民自治组织环境规章制定权的肯定，也赋予了环保村规民约软法效力。

软法应当具有正当性，即符合宪政和法制的基本精神，在宪法与法律的框架之下起到补充硬法的作用。《中国农村发展报告》（2017）

---

1 高其才.试论农村习惯法与国家制定法的关系［J］.现代法学，2008，30（3）：12-19.
2 罗豪才，等.软法与公共治理［M］.北京：北京大学出版社，2006：341.

认为，村规民约是村民在现有的法律法规约束条件下达成的约定，村规民约要以法律为基础，村规民约不能侵犯村民的法定权利，村规民约必须体现村民对国家的义务和责任，村规民约在某些方面甚至可以帮助国家法律在农村的执行。但是，村规民约自有其作用的空间，法律和村规民约应是分工合作而不是替代的关系。村规民约主要解决村民的公共事务。村规民约的制定和实施有利于敦风化俗，规范行为；维护秩序，稳定社会；保护公共财产，推动公益事业；执行国家政策，实现国家目标。当前村规民约存在的主要问题是：首先，部分地区没有制定村规民约，一些村规民约只是重复法律和行政法规的内容；其次，部分地区的村规民约未经民主协商，存在违法侵权现象。如对违反环保村规民约的村民施以体罚等。2005 年安徽省黄山市休宁县岭南村有关森林保护的村规民约规定，"恢复历史上杀猪封山制，按居住本村户口每户发一斤猪肉为限，以示提高村民对保护森林的重视和警惕。禁止砍运杉松树，违者按人头给予每人每户五百元罚款"，明显与国家制定法相抵触。[1]再次，村规民约形式过于单一，一些村规民约成为村委会治村的一个工具。

环保村规民约作为村民进行自治型环保监管的依据，应当在国家相关法律法规的框架与精神下制定，不能脱离这一前提，否则无效。规范村规民约必须遵守合法性原则、民主协商原则、公共利益原则，以及尊重当地习俗原则。2010 年 10 月修订的《村民委员会组织法》在原法第二十条"村民会议可以制定和修改村民自治章程、村规民约，并报乡、民族乡、镇的人民政府备案。村民自治章程、村规民约以及村民会议或者村民代表讨论决定的事项不得与宪法、法律、法规和国家的政策相抵触，不得有侵犯村民的人身权利、民主权利和合法财产权利的内容"的基础上，增加一款"村民自治章程、村规民约以及村民会议或者村民代表会议的决定违反前款规定的，由乡、民族乡、镇

1　春杨. 徽州田野调查的个案分析：从"杀猪封山"看习惯的存留与效力［J］. 法制与社会发展，2006，12（2）：17—24.

的人民政府责令改正"。不仅确立了对自治章程、村规民约的行政备案制度，还建立了对自治章程、村规民约的行政纠错机制，但在对环保村规民约的调适上仍存在不足。第一，法律虽然确立了对村民自治章程、村规民约的行政纠错机制，却没有对应的对政府行政纠错的问责机制。村规民约明显侵犯村民合法权益时如果乡镇政府不予纠错怎么办，乡镇政府对村规民约、自治章程的行政纠错决定村民不服如何处理，以及村民是否可以对乡镇人民政府的不予纠错和不当纠错的行为提起行政诉讼等诸多问题得不到解决。问责机制缺失的前提下，基层政府可能以尊重村民自治为借口，对村民的正当要求不做处理或者做不力处理。第二，法律没有确立对村民自治章程、村规民约等自治规范的司法审查机制。司法审查制度作为现代民主法治国家普遍设立的一项法律制度，是国家通过司法机关对立法机关的法律和行政机关的行为的合宪性进行审查，对违法行为通过司法活动予以纠正，并对由此给公民、法人或者其他组织合法权益造成的损害给予相应补救的法律制度。《中华人民共和国行政诉讼法》第六条"人民法院审理行政案件，对具体行政行为是否合法进行审查"和《中华人民共和国民事诉讼法》（以下简称《民事诉讼法》）对仲裁、公证和外国法院生效的判决的司法审查的相关规定是我国司法审查制度的直接依据。我国的司法审查权的对象是行政机关所做出的具体行政行为和具体仲裁民间行为和其他具体行为，是有限的司法审查权。《村民委员会组织法》第三十六条规定，"村民委员会或者村民委员会成员作出的决定侵害村民合法权益的，受侵害的村民可以申请人民法院予以撤销，责任人依法承担法律责任"，设置了对村民委员会或者其成员的决定的司法审查机制，是司法审查制度在农村自治中的本土化实践。但是，与我国司法审查权的对象相对应，对村规民约、村民自治章程尚未确立司法审查机制。

在现有立法基础上，强化国家权力对村民自治的监督，特别是强化对村民自治规范的调适，是从根本上保障村民环境规章制定权的必要途径。

首先，建立基层政府对环保自治规范纠错的问责机制。现行法律确立的基层人民政府对村规民约、自治章程的行政纠错机制，要求其对村规民约、自治章程进行备案，并责令村民委员会对其违反法律的村民自治规范进行修改，应当同时规定基层人民政府违反上述义务的法律责任。在基层政府不予纠错或不当纠错的情况下，应该赋予村民提起行政诉讼的权利。强化基层政府对村民自治的监督责任，能够有效自源头上减少或避免违反法治精神、侵害村民合法权益的村民自治规范的出现。

其次，确立对环保村规民约等自治规范的司法审查机制。随着我国司法审查制度在实践中的不断完善，必然从有限的司法审查权向无限的司法审查权扩张，将立法纳入司法审查的范围。与之相对应，法院有权对村规民约、自治章程的合法性和法律效力进行裁定，对其中违反法律、法规的部分，依法撤销或者宣告无效。

二、自治主体环境事务处理权及其制度保障

村民环境事务处理权是指村民（农村环保自治组织）有权利根据环境保护法律法规和本村环保村规民约，具体地处理本村环境事务，包括公有或共有自然资源如土地、林地、河流以及水渠等公共设施的利用和使用规划；设置企业来村投资建厂的环保门槛；对本村乡镇企业、养殖场的生产活动、农村居民的生产生活行为进行监督，防治环境污染和破坏；聘请、组织专家介绍科学环保的种植方法，推广环保技术、清洁生产方法，引导村民主动参与环保宣传等方法教育村民遵守环境保护法律法规，自觉保护生态环境；调解本村村民之间的环境纠纷；对违反环保法律法规和本村环境管理规章的行为提出批评和改正意见等。在明确的环保监管职能之下，村民委员会可以列支专门的

环保专项经费，并根据当地环境保护工作的需要设立专门的环保机构，招聘环境管理专业人员从事日常环境宣传、监督、维权等各项工作。村民环境事务处理权的实现对内要建立环保听证制度，对外要建立环保协议制度。

（一）建立环保听证制度

作为一项带有现代民主政治色彩的制度，"听证制度"在我国被引进的历史并不长，从1993年深圳在全国率先实行价格听证制度算起，至今不过短短二十年时间，但听政于民的理念却日益深入人心。随着我国社会主义民主法治建设的推进，目前，听证制度已经成为政府行政决策领域引进民主议政机制的一个重要举措。通过参加听证会，普通公民被赋予了对与自身利益相关的行政决策、法规等制定过程的参与权。金塘村将听证制度引入环境公共事务的做法，是在村民中普及民主参与意识，推进自治型环保监管的积极尝试。首先，听证作为一个外来的、全新的法律制度，从1996年全国人大通过《中华人民共和国行政处罚法》创立行政听证制度以来，其理念已经深入人心，且显示出流行的趋势。其最大特点是公众在公共管理过程中享有言论权、知情权、参与权，这些特点与自治型环保监管不谋而合。听证制度进入农村社区，使村民这一利益相关人群体真正成为利益主体，参与决策、自主解决环境公共事务，同时又接受监督，有利于提高村民的参与热情和决策的科学性和透明度。更为重要的是，通过参与听证过程，村民提高了民主参与意识和参与水平，不仅有助于自我监管能力的提高，还将对农村公民社会的快速、健康培育产生深远而积极的影响。其次，一般的听证制度虽然有积极的一面，但也有自身的缺点。听证强调的只是公众的参与权，而不能行使否决权。金塘村在农村环境保护中引入听证制度时，巧妙地将其与票决制度结合在一起，按少数服从多数的决策原则，当重大决策发生意见分歧时，采取票决制度更有利于问题的解决。

环保听证制度是指凡是涉及村内环境公共事务的决策程序要公开民主，在由一定比例的村民提议后，由村民委员会组织召开听证会，由村民代表投票表决，依据少数服从多数的原则拿出最终决议，公示并执行表决结果的制度。其作用主要体现在以下几个方面：其一，环保听证制度有利于培育协商民主，促进环境自治的深入发展。环保听证会作为利益相关方交流和沟通的平台，其面对面的协商沟通机制有利于增强村民的参与意识，培育公民共同体。同时发展了社区民主文化，促进村民遇事通过协商达成互惠协议的习惯养成，推动民主协商政治的发展。其二，环境听证会本身是一种环境教育的方式，为了达到决策的科学性，村民委员会应利用召开听证会的有利时机，向村民宣传水、气、声、渣等方面的污染防治手段，以及安全防护措施等环境保护知识。还可以借用一些"外脑"，比如聘请具有第三方资质的专业机构进行环境监测和咨询，提高村民在环境保护领域自我管理、自我教育、自我服务、自我监督的能力。其三，环保听证制度有利于增加农村社区的社会资本。本书第三章对社会资本在自治型环保监管模式的构建与运行中的作用予以了详细阐述。当前，虽然互动关系网络、互惠规范以及彼此信任的农村社会资本存量仍然可观，但在市场经济条件下，人口大量流动对农村社区稳定性带来的影响使得包含"礼治秩序""差序格局""熟人社会""归属感"的农村社区秩序受到冲击：农村居民从农村流出，农村社区的稳定性下降，农村居民对社区的认同感降低。由于社会资本的状况决定着社区治理绩效的好坏，维系并不断增加社区的社会资本十分必要。环保听证会中村民彼此就公共事务平等协商，采取集体行动来解决公共问题，利益相关方协商一致达成协议，有利于增进相互间的交往沟通，实现互惠，增进信任，促进合作。其四，环保听证制度是村民委员会在环境决策中充分倾听村民的意见和建议、完善自身监督体系的具体表现，体现了社员权利对社会权力的制约。社会组织机构对本组织内部事务的管理权力，与该组织内部成员权利的关系，类似于国家权力与公民权利的关系。村委会有自身的偏好，在缺乏外在监督与约束的情况下，可能基于自身利益的考虑而怠于履行相应的职责，甚至做出危害农村环境的决策。而环保听证会将决策过程放在一个开放透明的环境中，可以在一定程度上避免出现利益寻租行为。

环保听证制度主要包括以下内容：一是环保听证的议事范围。实施环保听证的应当是村里涉及环境的重大问题或纠纷，如可能产生油烟、恶臭、噪声或者其他污染，严重影响村民生活环境质量的建设项目。二是听证会议题的确定。听证会的议题可由一定比例（结合本村实际情况确定）的村民提出。议题提出后，村民委员会应对拟议事项进行广泛的调查摸底，涉及法律、法规和国家政策的应向有关部门咨询。在掌握基本情况的基础上，村民委员会可先征求部分村民的意见，研究提出可行性解决方案，并形成书面材料，确定听证会的议题。三是听证会代表的产生。听证会正式代表由村民委员会根据听证事项的需要和当事人的利益相关性直接确定，也可由村民代表大会推选产生。听证会正式代表确定后，应在听证会召开的 5 日前以适当方式公示。环保听证会的正式代表具有投票表决权，自愿参加的村民可列席听证会。四是听证会的程序。听证会由村民委员会在提出议题起 15 日内组织召开，依照由主持人报告议题、由村民委员会通报所听证议题的相关情况、听证会代表充分讨论（涉及国家法律、法规、政策规定的问题，请政府相关部门的代表回答听证会的咨询）、听证会代表不记名投票表决的程序进行，接受村党委的领导和村民代表大会的监督。有应到人数的过半数出席，听证会方可举行；所集中的意见，有出席人员过半数通过，方可形成意见。听证会结束后，村民委员会应制作如实、全面反映听证会情况的听证会报告书，面向全村公布。

（二）建立环保协议制度

协议手段最初运用于政府与企业之间，以改善环境质量或保护自然资源。但最新的发展表明，个人越来越多地参与到了协议型环保监管模式之中。在美国参与 CRP（保护与储备计划）和 WPR（湿地保护计划）的农民每年都能得到政府补贴，其义务是让土地长期休耕，期限从 10 年到 30 年不等。在澳大利亚，全国约 40% 的农民参与了"国家土地管护"项目。[1] 在欧洲，农民若加入一个基本环保方案，如便于鸟类昆虫进食的农田边缘免耕等，每公顷便可多收入 40 美元。[2] 可以借鉴西方发达国家的经验，推行、推广政府和农村居民之间的环境保护协议。环境保护协议虽然可由政府主动提出，但政府并不是简单地发号施令，而是转向与农村居民协商，引导农村居民科学施用农药化肥，合理利用土地等自然资源，清洁生产，保护环境。农村居民有利害判断和行为选择的余地，能够充分发挥从事环境保护的能动性、主动性。环境保护协议也能够实现利益的双向满足。农村居民从政府部门得到有价值的环境信息，获得一定的经济补贴。政府能够降低环境管理成本，同时也有利于备受争议的农业补贴逐步转向环保补贴，更加符合国际通行规则。

同时，协议主体除了由政府与企业向政府与农村居民扩展，也可以扩展到企业与农村居民，使农村居民和企业在面对面的协商探讨中找到经济发展与环境保护的两全方案，就防止环境污染或改善环境达成协议。如打算在某村投资设厂的某企业与当地农村居民（在此应为以村民委员会为代表的农村居民群体）签订环境保护协议，企业公开可能产生的污染、治理方案等环境信息，采取农村居民认可的行之有效的方式把污染和损害控制在一定范围内，主动恢复生态环境并对一定范围内的污染予以经济补偿；农村居民则在一定程度上对当地环境的污染承担容忍义务，并主动参与到生态的恢复工作中。这种企业和农村居民间协议环保的优点是非常明显的：一是该协议经过农村居民和企业的普遍参与和讨价还价，实施起来更为便捷有效；二是避免了

1　陈晓华，张红宇．中国环境、资源与农业政策［M］．北京：中国农业出版社，2006：86.
2　陈晓华，张红宇．中国环境、资源与农业政策［M］．北京：中国农业出版社，2006：183.

政府部门参与其中产生政府利益所导致的权力腐败及其不利影响，同时节省了政府开支。村民委员会也可以与农村污染技术服务机构签订协议，购买环境产品或服务，实现农村面源污染物的减量化、资源化与无害化。

由于主体的特殊性，一方面，政府与农村居民之间协议关系从本质上说是一种环境行政合同关系。"传统上算作公法的规范，但却容许具体的法律关系，就像在私法中那样，以契约来加以创造。"[1]政府作为公共环境利益的代表，其权力具有强制色彩。另一方面，政府又须与农村居民平等协商，在维护公共环境利益的前提下允许农村居民在一定范围内自由表达意志，具有协商色彩。农村居民则从其自身利益出发，在法律和政策允许的范围内与政府讨价还价，明确保护、改善环境质量特定义务和获得相应的对价。这一法律关系的实质是各级政府及其所属的环境职能部门，在法律规定的自由裁量权范围内和环境法精神的指导下，按照环境保护的现状和行政管理的要求，灵活地与农村居民约定相互的法律权利（力）与义务。农村居民在生产生活中，采取污染最小化措施、清洁生产技术改善环境，环境行政主体给予相应的经济鼓励或补偿。但是出于环境保护公共利益的考虑，合同自由原则不得不受到一定的限制。虽然国家与农村居民之间环保协议的权利与义务仍然属于当事人双方自由选择的领域，合同的自由属性并没有丧失，但是对于环境管理机关而言，这种自由仅仅是行政自由裁量权范围内的自由，并不是私法自治的自由。环境管理机关所具有的特殊身份，使得农村居民在某些方面并不能与之完全平等地协商，而只有选择或不选择的自由。

农村居民与企业之间的环保协议关系从本质上来说是平等主体之间的民事合同关系。但是，由于环境问题的社会性、环境利益的公益性，农村居民与企业之间的法律关系不仅仅是一个私法关系，还会涉及公

1 凯尔森.法与国家的一般理论［M］.沈宗灵，译.北京：中国大百科全书出版社，1996：181.

法问题。具体而言，要受到环境影响和风险评估、现场检查与生态安全监督、竣工后的环境质量评估、政府奖励、税收减免等公法制度的约束。[1]因此，农村居民与企业之间的法律关系附有公法义务，不能以保护改善环境之名行破坏环境之实。国家对农村居民与企业的环保协议有具体的监督权。除了国家立法对合同的一般规制外，为保证环境公益不被个人追求私利的目标损害，政府仍应对环境合同的履行进行具体的监督，即作为合同外的第三人享有对合同的监督权。[2]但是，除了附加的公法义务，农村居民与企业之间的法律关系属于私法关系。在私法自治的领域，市场应当发挥决定性的作用，政府必须改变角色和定位，实行宏观的间接监管，将公权力对私权利的干预控制在最小和必要的限度。

三、自治主体环境事务参与权及其制度保障

环境保护的"公地悲剧"要求政府以"有形之手"克服市场"无形之手"的弊端。对于具有公共性质的环境资源，政府应接受社会公众的委托，承担起受托人的义务，依环境资源的性质最大限度地保障社会公众能实现对这些环境资源的权利。作为一种委托管理权，国家的环境监管权来自全体公民为更好地保障自己的环境权益而进行的委托授权。因此，在环境危机日益严重的今天，环境保护不仅需要国家积极履行监管职责，公民作为托管人理应有权参与到环境保护之中。环境参与权是公民作为社会中的一分子基于一种社会责任感而享有的在环境保护事务中获得信息、参与决策和诉诸司法的权利。1992年《里约环境与发展宣言》强调："环境问题最好是在有关市民的参与下，在有关级别上加以处理，在国家一级，每个人都有权获得公共当局所持有的有关环境的资料，包括其社区内的危险物质和活动的资料，并

---

1 陈明剑，常纪文.环境改善产业的发展对我国环境立法的影响及其对策 [J].环境保护，2002，30（12）：4-6，12.
2 吕忠梅，刘长兴.试论环境合同制度 [J].现代法学，2003，25（3）：104-112.

有机会参与各项决策进程，各国应通过广泛提供资料来便于和鼓励公众的认识与参与，应让人人都能有效地适用司法和行政程序，包括补偿和补救程序。"在环境保护中，国家和公民之间的界限已经不是非常明晰，环境保护理应实现国家与公民间的联动与互动，调动广大公民参与环境保护的积极性，共同努力实现人与自然的和谐。自治型环保监管的本质就是以地域性自治性组织为载体帮助农村居民实现环境参与权。因此，村民委员会有权以全体村民的名义，要求政府、企业乃至农户提供相关的环境监测报告、环境质量报告等各种环境信息，从而明悉自身所处的环境状况；参与政府环境管理的预测和决策过程；参与开发利用农村环境的管理过程；参与农业环境科学技术的研究、示范和推广；以组织化形式参与环境保护的宣传教育；以及参与农村环境纠纷的调解。[1]

　　然而，环境参与权作为一项程序性权利，需要以实体性环境权为基础。[2] 但是，由于现行立法缺乏对公民环境权的明确认可，使得实践中对环境权、环境参与权的保护处于消极状态。为此，首先需要在宪法层面，将公民，当然包括农村居民的环境权作为一项基本权利确定下来，明确规定"中华人民共和国公民享有在良好环境中生活、合理利用自然资源的权利和保护环境的义务"。其次，在相关法律法规中规定具体环境权。宪法对环境权的规定毕竟是原则性的，总体上环境权的具体化尚需相关法律法规对其明确规定。在宪法确定公民环境权的基础上，应在民法的权利清单中增加环境权，并赋予其人格权、财产权等同等的法律地位；同时在《环境保护法》和各项环境保护单行法中对公民享有的日照权、通风权、安宁权、清洁水权、清洁空气权、

1　韩从容.新农村环境社区治理模式研究［J］.重庆大学学报：社会科学版，2009，15（6）：108-112.
2　广义的环境权是指人类享有在安全和舒适的环境中生存和发展的权利，主要包括环境资源的利用权、环境状况的知情权和环境侵害的请求权。其中环境资源的利用权是实体性的环境权，环境状况的知情权和环境侵害的请求权是程序性的环境权。

观赏权等作列举性规定，以完善公民环境权利系统。[1]

在明确实体性环境权的基础上，要通过修改完善现行法律制度、设计利于农村居民参与环境保护的程序，明确农村居民环境参与权的实现方式、责任主体以及救济途径，保证农村居民环境参与权的实现。如在《中华人民共和国城乡规划法》中增加保护农村居民环境知情权的条款，明确规定在乡村规划区内进行建设的过程中必须遵循环境信息公开制度，违反环境信息公开制度必须承担相应的法律责任，扩大农村居民环境参与的范围。[2] 又如考虑到农村环境的复杂性和农村居民环境权的特殊性，设计农村信息公开制度时，尤其要强调作为信息公开主体的政府的责任。提供环境信息不仅是中央、省（自治区、直辖市）、市、区（县）政府的责任，乡镇政府信息公开的内容范围也应该包括环境信息。要以政府环保部门为主要力量，加强对农村地区中小企业的环境状况、农业面源污染和乡镇、农村居民的生活污染状况的监测。再如，针对农村居民文化素质较差、环境意识不强、对环境信息的理解能力有限的实际情况，要以通俗明了的方式定期公布环境信息，[3] 并且强化环境信息的分析和论释工作。避免因为环境信息较强的技术性和专业性，导致农村居民无法清楚认识某些活动的环境影响。环保部门有责任通过一定的方式，使新建企业当地的农村居民了解该企业可能对环境造成什么样的危害，危害发生时应采取哪些措施使损失最小化，危害发生后权利如何得到救济。只有使农村居民了解周围环境问题产生的根源及危害并规范自身行为，并真正参与到规划、开发活动的环境影响评价中，共同商议环境保

1　周纪昌.构建农业环境污染突发事件中农民维权的法律支持体系：以淮河流域水污染突发事件的调查为例［J］.农业环境与发展，2008，25（1）：79-84.

2　俞淑芳.我国农民环境知情权法律保护研究［D］.长沙：湖南师范大学，2010.

3　实际上，"环境保护"备受农民关注.在一次较大规模苏南农村受众抽样调查问卷中，有这样一个问题："请问您目前是否关心以下方面的问题"，统计数据表明：在备选的19项问题中排名第五，仅次于"反腐败""打白条、乱收费、农民负担等""北京申办奥运会""有关农村的政策"，而高于"教育改革""农产品价格涨跌""农村致富门路"等。

护及补救措施，充分表达意愿并得到尊重，农村居民的环境参与权才能得到真正的实现。

怀特早在 20 世纪 40 年代末就指出，"公民的责任意识只有通过经常的政治参与才能得到培养和加强"。在环境保护的公众参与中也是如此。农村居民在参与环境保护的过程中，对环境保护社会整体利益目标的认同感增强，对环境保护的责任理解更加深刻，在参与中得到不断提升的责任意识最终升华为农村居民的理性自律精神，并促使其更加主动地参与环境事务。德拉格诺夫认为，人们卷入决策的程度越高（通过加入对有关问题的讨论），在执行这一决策时的参与积极性就越大，因为他们感到自己是联合决策者中的一员。影响成员参与执行决策的因素具体分为在公共讨论中参与的程度、与管理者群体的认同程度、决策方案进入人们视野的方式、使决策表达成为主要执行群体语言的程度和专门性。[1] 当农村居民参与具体的环境事务，并发现自己的环境建议得到了采纳，自己的环境话语权得到了实现，必然产生对自我能力的肯定并进一步激发参与热情。同时，对管理者群体的认同感增强，对环境决策的主动执行力度必然加大。例如，当一般农村居民认为是他们自己，而不是精英或政府创造了用水规则时，他们会更积极地看待用水分配系统，并对其他农村居民对规则的遵从抱有乐观态度。[2] 激发农村居民的参与意识，需要进一步通过制度上的安排和设计为其提供足够的政治和社会空间。2014 年《关于推进环境保护公众参与的指导意见》赋予环保社会组织与环保志愿者监督政府与企业的职能，在农村地区可以探索招募当地居民担任环境保护监督员，在具体的环境保护事务参与中提升参与能力与水平。

1　陶传进 . 环境治理：以社区为基础［M］. 北京：社会科学文献出版社，2005：43.
2　KANAZAWA S. A new solution to the collective action problem：The paradox of voter turnout［J］. American Sociological Review，2000，65（3）：433.

四、自治主体环保收益权及其制度保障

农民是环境弱势群体，在自然资源利用、环境权利与生态利益分配与享有等方面处于不利地位，这种不利状态与他们自身的天赋条件、生活区域密切相关，在一定意义上这种状态是他们自己无法选择的。环境保护不仅产生环境利益，还产生经济效益。然而从环境利益分配方面来看，我国"环境无价、资源低价"的价格体系和城乡二元结构，致使广大农村居民保护环境所产生的积极效应由于环境的公共性由包括城市居民在内的全体公民免费享有，农村居民根本得不到相应的环境保护成本的补偿和经济利益的回报。作为对个人的私的利益精于计算的理性人、经济人，农村居民环境保护的积极性自然被挫伤。自治主体环境保护收益权，就是农民对环境保护投入成本的获偿权以及由此产生的经济利益的分享权。其核心是通过完善生态补偿制度，建立起农村居民环保投资回报机制，将环境保护产生的利益惠及农村居民，激励农村居民进一步参与环境保护。

（一）完善生态补偿制度，保护自治主体环保收益权的必要性

吕忠梅在《超越与保守：可持续发展视野下的环境法创新》中对生态补偿做了如下定义：生态补偿从广义上讲是指对由人类的社会经济活动给生态系统和自然资源造成的破坏及对环境造成污染的补偿、恢复、综合治理等一系列活动和对因环境保护丧失发展机会的区域内的居民进行的资金、技术、实物上的补偿、政策上的优惠，以及为增进环境保护意识，提高环境保护水平而进行的科研、教育费用的支出。本书讨论的生态补偿制度限于后一个层次。

1. 对农民这一环境弱势群体予以生态补偿是环境公平的要求

公平是法律永远的价值追求。环境公平要求对各个主体采取不歧视、不袒护的态度，以满足人们在环境利益上的平等追求。大体上包括了两层含义：第一层含义是指所有人都应有享受清洁环境而不遭受

不利环境伤害的权利；第二层含义是指环境破坏的责任应与环境保护的义务相对称。从环境公平的实现角度讲，代内公平是代际公平的前提和重要保证，以牺牲农村地区居民的环境利益为代价谋求"发展"，代际公平就无从谈起。不能将城市的发展和进步建立在剥夺环境弱势群体生存、发展机会的基础上，要求农村地区居民单方面地付出。只有通过对生态补偿创造另外的生存和发展条件，才能保证真正意义上环境公平的实现。

2. 对农民这一环境弱势群体予以生态补偿是生态安全的要求

生态安全有两层含义：一是防止由于生态环境的退化削弱了经济可持续发展的支撑能力；二是防止环境问题引发人民群众的不满特别是导致环境难民的大量产生，从而影响社会稳定。实践证明，如果农村地区居民的生态效益权利长期得不到实现，权利与义务关系继续处于失衡状况，容易引发不满情绪，影响社会稳定。不仅如此，农村环境也会由于农村地区居民缺乏环境保护的动力进一步恶化，进而可能引发全局性的环境灾难，甚至危及整个国家和民族的生存条件。所以，无论是从社会稳定还是经济可持续发展的角度来看，生态补偿制度由于从根本上改变了生态效益"多数人（城市居民）受益、少数人（农村地区居民）负担"的状况，确立了"谁受益、谁负担"的原则，能从利益上调动农民参与环境保护和生态建设，更有益于生态目标的实现。因此，对农民这一环境弱势群体予以生态补偿对保障生态安全具有重要意义。

3. 对农民这一环境弱势群体予以生态补偿是可持续发展的要求

所谓可持续发展，是指不断提高人群生活质量和环境承载力的、满足当代人需求又不损害子孙后代满足其需求能力的、满足一个地区或一个国家的人群需求又不损害别的地区或别的国家的人群满足其需求能力的发展。[1] 其中一个重要的方面就是满足一个地区的人群需求

1　叶文虎，栾胜基.论可持续发展的衡量与指标体系 [J]. 世界环境，1996（1）：7–10.

又不损害别的地区人群满足其需求的能力。可持续发展以改善所有人的生活质量为目标，部分人的生活质量的改善、社会两极分化的发展不是真正的发展。总之，可持续发展是人口、经济、社会、生态、资源的和谐发展，是强调系统内部的持续能力、区域间的公正性以及代际公平的发展。农民必须公平享有社会财富（包括环境利益）和发展的机会。因此，现阶段对农民这一环境弱势群体的生态补偿就成为迫切的需要。

（二）自治主体环保收益权的制度保障

目前，我国法律对农民这一环境弱势群体的生态补偿没有明确、具体的规定。地方利益保护也使得发达地区不愿且实际上没有承担更多的环境保护责任。必须以法律形式对生态补偿加以规范，切实保障环境弱势群体的权益。

1. 环境弱势群体生态补偿的定位

对生态补偿的正确定位是切实有效保护农民环境弱势群体的关键。一方面，"污染者付费"要求城市及工业集团真正补偿他们给农村居民带来的生态环境影响，遏制城市污染向库区的转移，减轻城市、工业污染对库区环境、库区移民健康的影响。另一方面，生态环境的共享性造成了生态环境建设的利益"外溢"，"受益者负担"要求城市地区作为最大的受益者，补偿农村居民为了保护全局利益而不能进行资源利用、工业开发的损失。生态环境改善的成本不能全部由农村居民承担。对环境弱势群体的生态补偿不是对农村居民的同情或者扶助，而是一种价值的回报，以期实现整个国家经济、社会、生态协调一致的发展。

2. 对环境弱势群体予以生态补偿的原则

一是适度原则。环境弱势群体作为利益受损者迫切需要利益补偿，

但我国的经济发展水平还不具备高度利益补偿的能力，帕累托补偿[1]
会导致政府的财政负担沉重。而对利益受损者的补偿过高，可能会导
致"懒惰"问题的出现，形成利益补偿的负面效应。生态补偿的一步
到位在现阶段是不现实的，应该坚持循序渐进和适度原则，根据经济
发展水平和经济实力的提高适时调整和相应提高利益补偿的程度及标
准。只有这样，才能更好地发挥生态补偿的功能与作用。二是兼顾公
平与效率原则。在我国改革推进过程中，农村居民作为环境弱势群体
为城市地区的经济发展、国家整体利益的增进做出了巨大贡献，因此
应以公平优先的指导思想，通过合理的利益补偿让农民这一广大的环
境弱势群体共享经济社会发展的利益。但是利益补偿并不是以牺牲效
率为代价的，对环境弱势群体予以生态补偿也不是保护落后，而是要
通过利益补偿增进农村地区居民的发展能力，为其创造更多的发展机
会，进而提高整个社会的经济效率。三是发展原则。农村居民在自然
资源利用、环境权利与生态利益分配与享有等方面的相对不利地位与
他们自身的条件有着密切的关系。因此，其环境弱势地位改变不能单
纯从改变外部不利因素入手。应该注重培养和增强利益受损主体的"造
血"功能、发展能力，着力改善环境弱势群体的生产和生活基础设施，
在给予资金、技术、实物上的补偿的同时予以政策上的优惠，提供更
多的发展机会，更多地支持科技进步，提高环境弱势群体的素质和生
产水平。

　　3. 对环境弱势群体予以生态补偿的制度保障

　　目前的相关实践主要集中在森林与自然保护区、流域和矿产资
源开发的生态补偿等方面，主要有四种类型：（1）在政策设计上明
确含有生态补偿性质，如"三江源"生态保护工程等；（2）可以作
为建立生态补偿机制的良好平台，如矿产资源补偿费政策；（3）看

---

[1]　帕累托改革是指使至少一个人受益而没有使任何人受损的改革推进方式。与帕累托改革相对应的即
为帕累托补偿，它使得没有任何人的利益受到损失，所以改革能够比较顺利地进行下去。但是帕累托补
偿在现实中是很难达到的，即使在特定时期、特定条件下达到或近似达到也是很难持续下去的。因此只
能通过对利益受损者进行补偿的办法，消除或减轻其损失，从而使其转向支持或默许改革的进行。

似属于资源补偿性的，却产生了生态补偿的实际效果，如耕地占用补偿政策；（4）财政转移支付政策、扶贫政策、西部大开发政策、生态建设政策等，在政策设计上虽没有生态补偿性质，但实际上已经发挥且将进一步发挥生态补偿作用，需要进一步将实践操作上升到制度层面。

一是立法确认生态补偿制度。目前，生态补偿制度法律支撑不足，只有《森林法》提出国家设立森林生态效益补偿基金。2007年原国家环保总局《关于开展生态补偿试点工作的指导意见》是我国中央政府对开展生态补偿发布的第一个指导文件。但是作为部门性指导意见并不具备法律效力。应尽快出台《生态补偿条例》，明确实施生态环境补偿的基本原则、主要领域、补偿办法，确定相关利益主体间的权利义务和保障措施，并以此为依据，进一步细化流域、森林、草原、湿地、矿产资源等各领域的实施细则。

二是明确生态补偿的范围。目前，我国生态补偿的范围过窄，主要局限于退耕还林、天然林保护、矿区植被恢复等内容，且仅在部分地区开展，而对采取减少农药、化肥的使用，增施有机肥等环境友好和资源节约型生产措施方面却没有建立生态补偿机制。在国际上，生态补偿的实施范围已经很广泛。如欧盟对有机农业、生态农业、传统水土保持措施，甚至地边田埂生物多样性的保护措施等实行生态补偿；日本在造林、水污染防治、自然保护区、农业等领域建立生态补偿机制。根据农村环境保护实际，建议通过明确生态补偿的类型合理设定生态补偿的范围。根据与农村居民环境友好行为增加的环境利益所相应的行为人自身损失及其产生原因，具体划分为：（1）基于支出增加或收入减少的生态补偿，如采取减少农药、化肥的使用，增施有机肥有利于减少土壤污染，但是却提高了农村居民的生产成本，所以属于基于支出增加的生态补偿。（2）基于财产权受限的生态补偿，如林木所有人虽然对其林木享有所有权，但出于生态保护的需要不能随意砍伐。（3）基于发展权受限的生态补偿，如我国存在着不少生态脆弱、贫困且对外部有重要生态影响的"三合一地区"，而在那里生活的主要是农村居民，为保障发达地区甚至整个国家的生态安全，他们的发展权、环境资源利用权受到了很大限制，以至于面临更严重的生存问题乃至生存危机。以水土保持为例，一些江河的中上游地区往往是贫困山区，而这些地区也是水土保持的关键地带，那里的植被对下游的水生态平衡乃至安全有着重大影响，停止伐木、保护天然林的任务便落到了当地农村居民的身上。对特殊区域农村居民的补偿就是基于发展权受限的生态补偿。（4）基于公用征收的生态补偿。当国家认为某片经济林的生态效益已经远远高于其木材效益时，就将其划为生态林，经济林的所有权人理应获得生态补偿。划分生态补偿的类型避免了罗列式的疏漏，为生态补偿的范围留下了发展空间。

三是合理制定生态补偿标准。生态补偿标准的制定是生态补偿制度的关键，补偿过少不能对有益于环境的行为形成经济激励，不利于其良性循环；补偿过多则超过了补偿主体的承受能力，对补偿主体造成负担。当前"一刀切"的生态补偿没有考虑地区间经济、社会和生态条件的差异及由此带来的生态环境保护成本的差异。即使在退耕还林补偿中，国家考虑到了南北方机会成本的差异，分成南方和北方两个补偿标准，但这一划分还过于粗略，南方地区区域内和北方地区区域内的差异成本没有得到体现，导致过度补偿和补偿不足并存，或浪费了财政资源或弱化了生态补偿的经济激励作用。国内外学术界对补偿标准的制定有两种集中意见：一是认为生态补偿标准应当按照生态服务功能价值来定价，对产权主体环境经济行为产生的生态环境效益进行补偿；二是基于生态产权主体环境经济行为的机会成本（或恢复成本）补偿，即根据各种环境保护措施所导致的收益损失来确定补偿标准，然后再根据不同地区的资源环境条件等因素制定出有差别的区域补偿标准。[1] 从公平的角度来讲，根据生态服务价值来确定补偿标准更合理。但从实际操作来看，却因为计量方法和标准的无法统一存在技术上的困难。参照同等条件和发展基础类似的第三地区经济发展水平，利用两个地区人均收入之间的差额估算出行为人为保护生态环境承担的投资、开发和经营的间接损失，运用机会成本法确定补偿标准被国外实践广泛采用。如美国的退耕补偿政策，政府主要是借助竞标机制和遵循农户自愿的原则来确定与各地自然和经济条件相适应的补偿标准，通过农户与政府博弈，化解了生态补偿中的潜在矛盾。欧盟在生态补偿机制中广泛采用"机会成本法"，即根据各种环境保护措施所导致的收益损失来确定补偿标准，然后再根据不同地区的环境条件等因素制定出有差别的区域补偿标准。[2]

四是生态补偿方式市场化、多样化。生态补偿方式是指生态补偿责任的具体形式。目前，财政转移支付是我国实现生态补偿的主要途径。[3] 据有关资料统计，2000—2005 年，中央累计投入西部地区退耕还林、退牧还草、天然林保护、防护林建设和京津风沙源治理五大生态建设工程的投资 1 220 多亿元，水土流失综合防治、三峡库区、滇池流域水污染防治、塔里木河综合治理、中心城市污染治理等工程450 多亿元。[4] 可见，在很多情况下，政府依然是生态环境保护与建设的买单人，是生态补偿的主要推动者。[5] 但是，这种完全由政府买单的方式不仅与"受益者付费"的原则不相协调，增加了政府的财政负担，而且使许多受益者产生了依赖思想，没有调动全社会的积极性，变相滋长了"环境无价""资源无价"的思想，因此要发挥市场竞争机制在生态补偿制度中的作用。在生态利益受损方和受益方十分明确、

---

1 史玉成. 生态补偿的理论蕴涵与制度安排 [J]. 法学家，2008（4）：94-100.
2 韦钟华. 生态补偿制度研究 [J]. 今日南国：理论创新版，2009（1）：147-149.
3 生态补偿中财政转移支付是为了实现生态系统的可持续性，通过公共财政支出其收入的一部分无偿地让渡给微观经济主体或下级政府主体，支配用于指定的生态环境建设和保护。转移支付的形式有税收返还、专项拨款、财政援助、财政补贴、对综合利用和优化环境予以奖励等。
4 王健. 我国生态补偿机制的现状及管理体制创新 [J]. 中国行政管理，2007（11）：87-91.
5 美国政府购买生态敏感土地以建立自然保护区，同时对保护地以外并能提供重要生态环境服务的农业用地实施"土地休耕计划"等政府投资生态建设项目。

生态破坏责任关系很清晰的情况下，可以先行引入市场模式，充分发挥市场在生态补偿中的调节作用，由受益者或破坏者付费补偿。例如可以实行市场化的森林生态补偿制度，设计森林生态服务提供方、生态服务支付方和国家森林效益补偿基金三类主体。其中，森林生态服务提供方是指私有林地的所有者；生态服务支付方是指为森林生态服务支付一定金额的企业、国家政府基金（主要来自化石燃料税）和一些国内国际组织或个人（主要来自组织或个人的捐赠）；国家森林效益补偿基金补足支付方提供的资金缺口，同时对生态补偿制度的实施过程进行管理。私有林地的所有者向国家森林效益补偿基金提交申请，请求将自己所有的林地加入国家的生态补偿制度中，国家森林效益补偿基金根据法律的规定受理申请，与符合要求的林地所有者签订生态补偿合同。国家森林效益补偿基金在合同约定的支付期限内，按照约定的金额支付环境服务费用，而林地的所有者则应当按照约定，在其所有的土地上履行造林、森林保护、森林管理等义务。[1] 对环境弱势群体的生态补偿，并不限于直接的经济补偿，而是对因环境保护丧失发展机会、承担生态建设成本的农村居民进行的资金、技术、实物上的补偿、政策上的优惠，以及为增进环境保护意识，提高环境保护水平而进行的科研、教育费用的支出。包括：（1）完善信息公开制度。以政府环保部门为主要力量，加强对农村中小企业的环境状况、农业面源污染和移民的生活污染状况的监测，并针对农村居民这一环境弱势群体文化素质较差、环境意识不强、对环境信息的理解能力有限的实际情况，建立一套通俗明了且适合于农民了解环境信息的模式，使他们了解周围环境问题产生的根源及危害，从而采取必要的防范措施。（2）环境教育和宣传规范化、长期化。人们对当前环境问题、环境状况的感知与其受教育的程度有密切关系。因此，环境宣传教育必须变口号为制度，加强对农民尤其是对农民子女的教育支持，通过

1　任世丹，杜群.国外生态补偿制度的实践［J］.环境经济，2009（11）：34-39.

普及九年义务教育、以就业为导向发展职业教育、开展促进农民增收、农业增效的成人教育提高农民的科学文化水平。还要通过开展环境普法教育和环境警示教育，增强农民环境法治观念和维权意识。文化素质的提高增强了农民的自我发展能力，有助于提高其生活水平，环境意识的提高增强了农民保护环境的主动性。（3）加强配套制度建设，增加农村环保投入。一方面，加强农村地区环保基础设施建设，提高科技投入促进环境保护先进技术基础研究和应用研究的发展，以及科技成果转化和应用；另一方面，通过加大投入，深化卫生体制改革，加强公共医疗卫生机构基础设施和卫生技术队伍建设。

五、自治主体环境权益损害救济权及其制度保障

没有救济权的权利结构是不完整的，环境权益损害救济权是公民在环境权益受到侵害时，通过合法合理途径维护其环境权益的权利，包括三个维度：一是与侵害人协商；二是向执法部门反映环保违法情况；三是向人民法院提起诉讼。在农村地区，通常情况下，侵害人财力雄厚，是当地的重要经济支柱。地位悬殊使得侵害人对受害村民的协商要求常常不顾不理，有关环保行政管理机构迫于各方压力不积极作为甚至不作为的情况也屡有发生，使受害村民得不到应有的救济。司法救济成为农村居民环境权的最后保护屏障。如果受害村民向执法部门反映环保违法情况后，执法部门行政不作为，农村居民有权起诉污染、违规企业，或直接起诉执法部门不作为，寻求补救和赔偿。由于村民的弱势地位，诉求能力有限，政府应当通过无偿的法律帮助，帮助其通过法律援助渠道获得权利救济，同时也应当允许有条件和能力的村民、环保自治组织代为提起公益诉讼。

（一）完善农村环境侵权法律援助制度

法律援助是指由政府设立的法律援助机构，组织法律服务机构和

法律服务人员，为符合条件的公民提供无偿的法律帮助。法律援助是政府的责任与职责，它直接面对群众特别是社会的弱势群体，解决他们合法权益受侵犯却"请不起律师，打不起官司"的难题，让弱势群体通过法律援助渠道来实现和维护他们的合法权益，以维护社会正义。2003 年实施的《法律援助条例》是我国第一部关于法律援助的全国性法律，为法律援助工作的开展提供了基本的法律依据。《法律援助条例》规定，公民对下列六种需要代理的民事、行政事项，因经济困难没有委托代理人的，可以向法律援助机构申请法律援助。这六大事项包括：依法请求国家赔偿的；请求给予社会保险待遇或者最低生活保障待遇的；请求发给抚恤金、救济金的；请求给付赡养费、抚养费、扶养费的；请求支付劳动报酬的；主张因见义勇为行为产生的民事权益的。可见，从法律援助的范围来看，并没有涉及环境侵权的问题。而在环境侵权事件中，受害人尤其是农村居民在经济、科技、信息、法律知识方面都居于弱势地位，不了解自己的环境利益受到了侵害、不懂得保存有利证据、不知道怎么维护自己的合法权益，甚至没有足够的经济实力提出告诉，在环境损害事故发生后不能够及时主张环境损害赔偿，有效地解决环境污染、破坏问题，迫切需要政府部门提供一定的法律援助。2005 年，国务院在《关于落实科学发展观加强环境保护的决定》中明确提出要"完善对污染受害者的法律援助机制"。卫生部、环保总局等多个部门联合制定的《国家环境与健康行动计划（2007—2015）》也将完善对污染者的法律援助办法作为重要内容。《固体废物污染环境防治法》第八十四条规定，"国家鼓励法律服务机构对固体废物污染环境诉讼中的受害人提供法律援助"，但是这些与农村居民对法律援助制度的现实需求相距甚远。我国最早成立的"污染受害者帮助中心"创办人，中国政法大学王灿发教授指出，使他萌发创办这个中心念头的是农民，在法律帮助中心，最多的求助者也是农民。

　　近年来，由于环境侵权问题日益突出，许多地方对法律援助的范围进行了相应的调整。2010年，北京市修改《北京市水污染防治条例》，将水污染纳入法律援助范围。2011年，《湖北省法律援助条例》第十条规定，"公民对下列事项需要代理，因经济困难没有委托代理人的，可以向法律援助机构申请法律援助：……（八）因交通事故、工伤事故、医疗损害、食品安全、环境污染、产品质量以及农业生产资料等造成人身损害或者财产损失请求赔偿的"。2016年修订的《广东省法律援助条例》第十二条规定，"社会组织依法对污染环境、破坏生态等损害社会公共利益的行为向人民法院提起民事公益诉讼的，法律援助机构根据其申请可以提供法律援助"。但《法律援助条例》《最高人民法院关于审理环境侵权责任纠纷案件适用法律若干问题的解释》等均未对涉及环境侵权的法律援助作出规定，应当把对环境侵权纳入法律援助范围尽快从地方层面上升到国家层面。建议在《法律援助条例》第二章法律援助范围下第十条中，比照其他六项情形，增加"公民请求环境污染损害救济，因经济困难没有委托代理人的，可以向法律援助机构申请法律援助"，并将环境法律援助建设成一项基本的环境权益保障制度，在环境基本法中加以确立。

在现行司法部、省、市、县四级法律援助框架之下，还应在乡镇设立法律援助工作站，在农村边远地区建立法律援助流动工作站或联系点，以此构建县、乡（镇）、村（社区）的法律援助工作三级网络体系，扩大法律援助组织机构的覆盖面，以提升农村居民环境意识、法律意识和维权意识，帮助农村居民主张环境权利，推动农村环境保护的公众参与。

此外，为保证法律援助制度真正在农村发挥作用，要根据农村地区的特点，通过张贴法律援助宣传画、发放法律援助服务承诺卡，开展法律援助现场和电话咨询等方式，让广大农村居民熟知法律援助的事项、申请条件、程序、渠道和方法。畅通来电、来信、来访等申请方式。对老弱病残等困难群众实行上门援助服务。

（二）完善农村环境公益诉讼制度

环境公益诉讼是针对保护个体环境权利及相关权利的"环境私益诉讼"而言的，是指为了保护社会公共的环境权利和其他相关权利而进行的诉讼活动。通过环境公益诉讼，赋予公民与环境侵权斗争的司法权，能够使公民广泛参与到维护环境保护的行动中来。同时，环境公益诉讼能够促使环境执法机构更自觉地履行职责，也促使污染企业加强环保意识，约束不当环境行为。1998 年，《公众在环境中获得信息、参与决策、诉诸司法权力的奥胡斯公约》明确"公众的环境知情权、决策参与权受到有关公共机构不正当处理时，有权诉诸法院和其他独立的公正机构"，鼓励公民通过诉讼参与环境治理，维护自身环境权。但是，受制于直接利害关系对起诉资格的严格限定，我国法律没有赋予公民个人提起环境公益诉讼的权利，环境公益诉讼机制尚未建立。2005 年，《关于落实科学发展观加强环境保护的决定》指出，"健全社会监督机制……发挥社会团体的作用，鼓励检举和揭发各种环境违法行为，推动环境公益诉讼"。这是国务院首次以文件形式明确提出推动环境公益诉讼。实践中，各地法院也逐步放开了对一些环境公益诉讼案件的受理。如无锡环保法庭是我国第一个受理环境保护组织和个人所提起的环境公益诉讼的法庭，贵阳市人大常委会制定的《贵阳市促进生态文明建设条例》是我国第一个关于环境公益诉讼的立法性文件。2010 年 6 月，最高人民法院《关于为加快经济发展方式转变提供司法保障和服务的若干意见》首次明确支持环保部门有权代表国家提起环境损害赔偿诉讼，确立了环保部门作为环境公益诉讼的原告主体地位。2012 年 9 月，根据《全国人民代表大会常务委员会关于修改〈中华人民共和国民事诉讼法〉的决定》对《民事诉讼法》作相应修改，赋予法律规定的机关和有关组织公益诉讼原告资格。虽然公益诉讼的具体程序需要进一步细化，但这也标志着我国公益诉讼制度迈出跨越性的一步。据此，结合农村环境侵权的特点，进一步提出对农村环境公益诉讼制度的完善建议。

1. 明确村民委员会的环境公益诉讼原告资格，适时将公益诉讼原告资格扩展到农村居民个人

《民事诉讼法》（修正案）新增第五十五条规定，"对污染环境、侵害众多消费者合法权益等损害社会公共利益的行为，法律规定的机关和有关组织可以向人民法院提起诉讼"。但对法律规定的机关和有关组织需要进一步明确。村民委员会是村民自我管理、自我教育、自我服务的基层群众性自治组织，办理本村的公共事务和公益事业，而农村环境保护是农村社会公共事务的组成部分，应当通过相关立法授予村民委员会环境公益诉讼原告资格。尽管《民事诉讼法》（修正案）确认了法律规定的机关和有关组织的环境公益诉讼原告资格，但是桎梏于"直接利害关系"，对包括农村居民在内的公民个人的环境公益诉讼资格并没有予以确认。完善我国的环境公益诉讼制度，必须突破"直接利害关系"的障碍。建立"第四种诉讼制度"[1] 成为学界的主流思想。"必须允许受害者以外的第三者提起诉讼，起诉权也随之由被害者转移至第三者的新型诉讼制度，以弥补诉讼在保护环境公益方面的不足……其一开始就是将受害者排除在外的。""环境公益诉讼是保护环境公益而不涉及当事人的利益，因而判断原告当事人是否适格的基准，已经不再是考察是否有法律上的利害关系或是否有直接的环境后果发生，而应该是法律基于保护公益的目的而是否发动诉讼的授权，即环境实体法或程序法里的明确的公益诉讼条款。"[2] 这是诉讼理论的重大突破，对环境公益诉讼及其他公益诉讼问题的解决有"一劳永逸"的功效。但是，目前这种颠覆性重构需要的理论储备和实践经验尚不充分。因此尚需在现有的体制框架内完善环境公益诉讼制度。对宪法、法律作拓展性解释以扩张公益诉讼原告的资格范围是一个可

---

1 有学者激进主张环境公共利益诉讼具有独特的诉讼目的、价值和机能，与传统的诉讼制度有着本质的不同，可考虑将其归属为独立的第四种诉讼制度。吕忠梅，徐祥民.环境资源法论丛：第3卷［M］. 北京：法律出版社，2003：328–331.

2 吕忠梅，王立德.环境公益诉讼：中美之比较［M］.北京：法律出版社，2009：13.

行路径。如各国诉讼法普遍规定原告必须与本案有直接的利害关系，这种利害关系意味着原告必须是实体权利的享有者，只有这种实体性权利受到实质性损害后，主体才获得原告资格。为解决这种公益诉讼的原告资格困境，美国法院对"实质性损害"做了扩大解释，将视觉美感、娱乐享受、美好环境等利益的损害纳入实质性损害，如美国联邦最高法院在 1972 年审理"塞纳俱乐部诉莫顿案"时，就把"事实上的损害"范围扩展了，从而在联邦法院的层次上放宽了对环境公民诉讼起诉权的限制，通过对"直接利害关系"的扩大解释来解决环境公益诉讼遭遇的主体困境。[1]《中华人民共和国宪法》第二条规定，"中华人民共和国的一切权力属于人民"。"人民依照法律规定，通过各种途径和形式，管理国家事务，管理经济和文化事业，管理社会事务"。《环境保护法》第六条规定，一切单位和个人都有保护环境的义务，并有权对污染和破坏环境的单位和个人进行检举和控告。因此，可以借鉴美国的经验，由立法机关或最高人民法院、最高人民检察院对上述法律规定作出具有法律效力的法律解释。将"管理社会事务"解释为包括环境事务，将"控告权"解释为公益诉讼的起诉权。尽快将公益诉讼原告资格也赋予与环境问题关系最密切、感触最深、受影响最大，行使权利也最积极的公民个人，其中当然也包括广大的农村居民。《中华人民共和国民法典》（以下简称《民法典》）总则将"有利于节约资源、保护生态环境"确立为民法的基本原则之一，公益诉讼实践中的一些争议问题在《民法典》中也得到了解决。如确定修复和赔偿责任的请求权主体为国家规定的机关或者法律规定的组织，能够修复的，要求侵权人在合理期限内承担修复责任；在期限内未修复的，可以自行或者委托他人进行修复，由侵权人负担相应费用；关于造成生态环境损害的赔偿范围，包括功能丧失或功能损害造成的损失、调查评估鉴定费用、清除污染费用、修复生态环境费用以及止损的合理

---

[1] 曹树青.环境公益诉讼原告资格扩张进路探寻［J］.海峡法学，2010，12（2）：99-104.

费用，扩大了赔偿范围，为解决公益诉讼实体法依据不足的问题迈出了坚实的步伐。

2. 明确农村环境公益诉讼的受案范围

受案范围是环境公益诉讼的实质性内容。农村环境民事公益诉讼的受案范围即自然人、法人或其他组织使农村环境公共利益遭受侵害或即将遭受侵害的违法行为。典型的如乡镇企业向河流排污造成水质破坏、水生物死亡。而农村环境行政公益诉讼则因为行政行为的多样性，需要对受案范围加以明确。具体包括：受害人为不特定多数的具体行政行为，如乡政府为兴建葡萄园而下令毁掉"三北防护林"，损害了当地的环境功能或生态功能的行为；有特定受益人没有特定受害人的具体行政行为，如县政府违法批准居民区兴建化工厂的许可行为；不履行环境保护职责而使不特定主体的权益受损的行政不作为；抽象行政行为，如乡镇规划侵害了农村居民环境权。

3. 规定农村环境公益诉讼不受诉讼时效限制

现行三大诉讼都有关于诉讼时效的规定，即出现纠纷必须在一定的期限内提起诉讼，否则将丧失胜诉的权利。基于环境侵权的复杂性、损害后果的渐进性及科技水平的有限性，损害生态环境其危害结果往往具有一定的潜伏期，损害结果往往经过几年甚至几十年才能显现出来，如果诉讼时效过短，就有可能出现"危害结果尚未发生，诉讼时效业已消灭"的不合理现象，不利于保护公民的环境权。因此，基于环境公益诉讼的目的是维护和增进环境公共利益，应比照"未授权给公民、法人经营、管理的国家财产受到侵害后，不受诉讼时效期限的限制"的相关司法解释，规定环境公益诉讼包括农村环境公益诉讼不受诉讼时效限制，以使侵犯环境公共利益的违法行为在任何时候都能受到法律的追究。

4. 设置农村环境公益诉讼激励机制

环境公益诉讼以维护和增进环境公益为目的，起诉人没有任何经济利益可得，而且还需要消耗相当的时间、精力和金钱。作为一个"理性经济"，起诉人尤其是经济实力尤为薄弱的农村居民，即使存有维护公共环境利益的用心，也不可能长期如此而去牺牲自己的既得利益。因此如果没有环境公益诉讼的激励机制，必将降低农村居民维护环境公益的意愿，环境公益诉讼在实践中将难以推广。美国为了鼓励公民环境诉讼，在《清洁水法》中规定，起诉人胜诉后，败诉方承担起诉方花费的全部费用，国家再对其给予奖励；《垃圾法》规定，对环境违法人提起诉讼的起诉人可得罚金的一部分。这些鼓励诉讼措施和推行可以在很大程度上提高公众的环境公益保护意识。[1]借鉴美国的做法，我国对于环境公益诉讼的起诉人应减、免、缓诉讼费用，并给予胜诉原告一定的奖励。奖励资金的来源是对被告的经济制裁和国家建立的环境公益诉讼奖励基金，以补偿农村环境公益诉讼原告的诉讼成本，鼓励其投入环境保护的公益事业。但是，奖励额度应当科学界定，防止产生错误诱导，浪费有限的司法资源。

---

[1] 高振会，赵蓓．我国海洋环境污染公益诉讼问题初探［J］．海洋开发与管理，2008，25（6）：43-45．

结　语

自治型环保监管模式由农村居民在现有环保监管模式下无法实现的环境参与权及其相关环境、经济利益诱发，由农村居民在环境保护实践中自发创造，经经验试错、反复博弈所确立。这一草根式的内源性的环保监管模式体现了全新的环境民主，一定程度改变了农村居民环境弱势群体地位，提升了环境管理效率，使农村居民体会到前所未有的主人翁意识，迸发出前所未有的环境保护动力和热情。社会权力论、软法治理说、社区治理论、利益说为自治型环保监管模式提供了坚实的理论支撑，农村社会村民自治的民主政治基础、相对改善的经济状况、乡土社会的礼治秩序和源于生活的环境技术是自治型环保监管模式的现实基础。虽然自治型环保监管模式的构建仍然存在不少障碍，但其中有些是社会发展浪潮带来的必然冲击，有些是民主化进程主旋律之上的若干不和谐音符，有的源于农村地区政治经济水平发展不平衡，这与任何环保监管模式建立之初遇到的阻力性质相同，是完全可以通过制度设计加以克服的。因此，自治型环保监管模式在农村环境保护事业中应该能大有作为。

村民自治这一制度安排的初衷很大程度上是为了解决以家庭联产承包责任制为核心的非集体化改革带来的农村公共产品供给不足的问题。村民自治的范围是农村社会公共事务和公共产品的提供，自然包括农村环境保护事务。农村环境自治以农村居民高度自觉的环境伦理为基础，通过充分参与实现自我环境治理和环境服务，是村民自治的重要组成部分。因此，自治型环保监管模式的构建，完全可以在村民自治这个现实的基础上进行，不需要大动干戈地改变现有体制。同时，为了克服村民自治机制在解决外源性环境问题和农村社区间环境资源矛盾等方面的局限性，需要发挥政府机制和市场机制在自治型环保监管中的作用。因此，从某种意义上讲，自治型环保监管模式不是一种机制创新，而是机制的综合和协调。从这个角度对农村居民自我管理环境的权利和义务进一步明确，对其环境规章制定权、环境事务处理权、环境参与权、环境保护收益权和环境权益损害救济权等加以保障，也许就可以走出一条坦途。村民自治、政府引导、市场推动的自治型环保监管模式是在农村地区实现环境善治的必然选择。

参考文献

一、著作类

［1］B.盖伊·彼得斯.政府未来的治理模式［M］.吴爱明，夏宏图，译.北京：中国人民大学出版社，2001.

［2］P.诺内特，P.塞尔兹尼克.转变中的法律与社会：迈向回应型法［M］.张志铭，译.北京：中国政法大学出版社，2004.

［3］埃莉诺·奥斯特罗姆.公共事物的治理之道：集体行动制度的演进［M］.余逊达，陈旭东，译.上海：上海三联书店，2000.

［4］安东尼·M.奥勒姆.政治社会学导论：对政治实体的社会剖析［M］.董云虎，李云龙，译.杭州：浙江人民出版社，1989.

［5］保罗·魏里希.均衡与理性：决策规则修订的博弈理论［M］.黄涛，译.北京：经济科学出版社，2000.

［6］曹荣湘.走出囚徒困境：社会资本与制度分析［M］.上海：上海三联书店，2003.

［7］陈晓华，张红宇.中国环境、资源与农业政策［M］.北京：中国农业出版社，2006.

［8］陈叶兰.农村环境自治模式研究［M］.长沙：中南大学出版社，2011.

［9］戴维·M.沃克.牛津法律大辞典［M］.北京社会与科技发展研究所，译.北京：光明日报出版社，1988.

［10］戴维·赫尔德.民主的模式［M］.燕继荣，等译.北京：中央编译出版社，1998.

［11］邓正来．布莱克维尔政治学百科全书［M］．修订版．北京：中国政法大学出版社，2002．

［12］斐迪南·滕尼斯．共同体与社会：纯粹社会学的基本概念［M］．林荣远，译．北京：商务印书馆，1999．

［13］费孝通．乡土中国　生育制度［M］．北京：北京大学出版社，1998．

［14］高鸿钧，马剑银，鲁楠，等．法理学阅读文献［M］．北京：清华大学出版社，2010．

［15］高力．公共伦理学［M］．北京：高等教育出版社，2002．

［16］郭道晖．社会权力与公民社会［M］．南京：译林出版社，2009．

［17］洪大用，等．中国民间环保力量的成长［M］．北京：中国人民大学出版社，2007．

［18］洪大用．中国环境社会学：一门建构中的学科［M］．北京：社会科学文献出版社，2007．

［19］凯尔森．法与国家的一般理论［M］．沈宗灵，译．北京：中国大百科全书出版社，1996．

［20］劳伦斯·M.弗里德曼．法律制度：从社会科学角度观察［M］．李琼英，林欣，译．北京：中国政法大学出版社，2004．

［21］李昌麒．中国农村法治发展研究［M］．北京：人民出版社，2006．

［22］李惠斌，杨雪冬．社会资本与社会发展［M］．北京：社会科学文献出版社，2000．

［23］联合国开发计划署《中国人类发展报告》编写组．中国人类发展报告：经济转轨与政府的作用［M］．北京：中国财政经济出版社，1999．

［24］林语堂．中国人：全译本［M］．郝志东，沈益洪，译．上海：

学林出版社，1994.

［25］刘焯.法社会学［M］.北京：北京大学出版社，2008.

［26］刘豪兴.农村社会学［M］.北京：中国人民大学出版社，
2004.

［27］罗伯特·D.帕特南.使民主运转起来：现代意大利的公民传统
［M］.王列，赖海榕，译.南昌：江西人民出版社，2001.

［28］罗豪才，等.软法与公共治理［M］.北京：北京大学出版社，
2006.

［29］罗中枢，王卓.公民社会与农村社区治理［M］.北京：社会科
学文献出版社，2010.

［30］吕忠梅，王立德.环境公益诉讼：中美之比较［M］.北京：
法律出版社，2009.

［31］马骏，叶娟丽.西方公共行政学理论前沿［M］.北京：中国社
会科学出版社，2004.

［32］马克斯·韦伯.经济与社会：上下卷［M］.林荣远，译.北京：
商务印书馆，1997.

［33］曼瑟尔·奥尔森.集体行动的逻辑［M］.陈郁，郭宇峰，李崇新，
译.上海：上海三联书店，1995.

［34］乔·萨托利.民主新论［M］.冯克利，阎克文，译.北京：东
方出版社，1993.

［35］孙国华.法理学［M］.北京：中央广播电视大学出版社，
1999.

［36］陶传进.环境治理：以社区为基础［M］.北京：社会科学文
献出版社，2005.

［37］王春福.有限理性利益人与公共政策［M］.北京：中国社会科
学出版社，2008.

［38］杨建顺.日本行政法通论［M］.北京：中国法制出版社，

1998.

［39］俞可平 . 西方政治学名著提要［M］. 南昌： 江西人民出版社，
2000.

［40］约翰·罗尔斯 . 正义论［M］. 何怀宏，何包钢，廖申白，译 . 北京：
中国社会科学出版社，1988.

［41］詹姆斯·M. 布坎南 . 自由、市场和国家：20 世纪 80 年代的政
治经济学［M］. 吴良健，桑伍，曾获，译 . 北京：北京经济学
院出版社，1988.

［42］詹姆斯·科尔曼 . 社会理论的基础：中［M］. 邓方，译 . 北京：
社会科学文献出版社，1992.

［43］张康之 . 公共行政中的哲学与伦理［M］. 北京： 中国人民大学
出版社，2004.

［44］张咏，郝英群 . 农村环境保护［M］. 北京： 中国环境科学出版
社，2003.

［45］中国社会科学院环境与发展研究中心 . 中国环境与发展评论：
第 2 卷［M］. 北京： 社会科学文献出版社，2004.

二、论文类

［1］蔡守秋，吴贤静 . 农村环境保护法治建设的成就、问题和改进
［J］. 当代法学，2009，23（1）：68-76.

［2］蔡守秋 . 论农村环境保护法规制的主要领域［J］. 中国地质大学
学报：社会科学版，2008，8（6）：1-6.

［3］曹景山 . 自愿协议式环境管理模式研究［D］. 大连： 大连理工
大学，2007.

［4］曹树青 . 环境公益诉讼原告资格扩张进路探寻［J］. 海峡法学，
2010，12（2）：99-104.

［5］陈丽华 . 论村民自治组织在保护农村生态环境中的权力［J］. 湘

潭大学学报：哲学社会科学版，2007，31（3）：35-37.

［6］陈明剑，常纪文．环境改善产业的发展对我国环境立法的影响及其对策［J］.环境保护，2002，30（12）：4-6，12.

［7］陈庆云，曾军荣，鄞益奋．比较利益人：公共管理研究的一种人性假设——兼评"经济人"假设的适用性［J］.中国行政管理，2005（6）：40-45.

［8］陈叶兰．论村民自治与农村环境自治的有机结合［J］.池州学院学报，2011，25（5）：32-35.

［9］陈叶兰．论环境社会自治与法治的关系［J］.法学杂志，2011，32（8）：28-31.

［10］春杨．徽州田野调查的个案分析：从"杀猪封山"看习惯的存留与效力［J］.法制与社会发展，2006，12（2）：17-24.

［11］马华．从制度、组织到能力：村民自治实现方式的发展及其反思——对三个"村治实验"样本的观察［J］.社会主义研究，2015（3）：83-88.

［12］崔金星，余红成．我国环境管理模式法律问题探讨［J］.云南环境科学，2004，23（B04）：41-45.

［13］高吉喜，张龙江．新时期中国农村环境保护战略研究［J］.中国发展，2013，13（6）：15-20.

［14］高其才．试论农村习惯法与国家制定法的关系［J］.现代法学，2008，30（3）：12-19.

［15］高振会，赵蓓．我国海洋环境污染公益诉讼问题初探［J］.海洋开发与管理，2008，25（6）：43-45.

［16］关慧．中美环境侵权及救济方式比较研究［D］.重庆：重庆大学，2005.

［17］韩从容．新农村环境社区治理模式研究［J］.重庆大学学报：社会科学版，2009，15（6）：108-112.

[18] 贺雪峰.乡村治理研究的进展 [J].贵州社会科学，2007（6）：4-8.

[19] 黄爱宝.走向社会环境自治：内涵、价值与政府责任 [J].理论探讨，2009（1）：5-8.

[20] 黄锡生，关慧.试论对环境弱势群体的生态补偿 [J].环境与可持续发展，2006，31（2）：23-26.

[21] 江晓华.环境发展的社区治理制度研究 [J].安徽农业大学学报：社会科学版，2010，19（2）：55-60.

[22] 金太军，王运生.村民自治对国家与农村社会关系的制度化重构 [J].文史哲，2002（2）：151-156.

[23] 康洪，彭振斌，康琼.农民参与是实现农村环境有效管理的重要途径 [J].农业现代化研究，2009，30（5）：579-583.

[24] 雷玉琼，朱寅茸.中国农村环境的自主治理路径研究：以湖南省浏阳市金塘村为例 [J].学术论坛，2010，33（8）：130-133.

[25] 李长安，陈梅兰.论环境管理模式转变 [J].浙江树人大学学报，2002，2（3）：82-84.

[26] 楼明林，张也勇，陈天宝.林木、林地权属争议中存在的主要问题、原因及其对策 [J].华东森林经理，1999，13（3）：30-31，53.

[27] 陆新元，熊跃辉，曹立平，等.农村环境保护与"三农"问题 [J].环境保护，2005（9）：15-21.

[28] 罗豪才，宋功德.认真对待软法：公域软法的一般理论及其中国实践 [J].中国法学，2006（2）：3-24.

[29] 罗豪才，宋功德.公域之治的转型：对公共治理与公法互动关系的一种透视 [J].中国法学，2005（5）：3-23.

[30] 罗中枢.公民社会视野下的农村社区治理初探 [J].理论视野，

2010（12）：33–36.

［31］吕明．马克思社会权力思想及其对中国法治建设的启示［J］.
江淮论坛，2007（4）：14–17，22.

［32］吕忠梅，刘长兴．试论环境合同制度［J］.现代法学，2003，
25（3）：104–112.

［33］吕忠梅．《水污染防治法》修改之我见［J］.法学，2007（11）：
136–143.

［34］吕忠梅．再论公民环境权［J］.法学研究，2000，22（6）：
129–139.

［35］马英娟．监管的语义辨析［J］.法学杂志，2005，26（5）：
111–114.

［36］任世丹，杜群．国外生态补偿制度的实践［J］.环境经济，
2009（11）：34–39.

［37］任艳妮．乡村治理主体围绕治理资源多元化合作路径探析［J］.
农村经济，2011（6）：19–23.

［38］任自力．村民自治若干基本概念的法学思考［J］.国家行政学
院学报，2007（3）：38–41.

［39］施宏伟，汉斯·布莱瑟．协约型环境模式的有效性及其对中国
环境管理的启示［J］.生态经济，2006，22（11）：43–46.

［40］史玉成．生态补偿的理论蕴涵与制度安排［J］.法学家，2008
（4）：94–100.

［41］宋金华，谢一鸣．我国农业生态环境保护的法治研究［J］.安
徽农业科学，2010，38（34）：19465–19467.

［42］苏力．二十世纪中国的现代化和法治［J］.法学研究，1998，
20（1）：1–13.

［43］谭九生．从管制走向互动治理：我国生态环境治理模式的反思
与重构［J］.湘潭大学学报：哲学社会科学版，2012，36（5）：

63-67.

［44］王春福．政策网络的开放与公共利益的实现［J］．中共中央党校学报，2009，13（1）：99-103.

［45］王健．我国生态补偿机制的现状及管理体制创新［J］．中国行政管理，2007（11）：87-91.

［46］王明远，马骧聪．论我国可持续发展的环境管理模式［J］．能源工程，1999，19（4）：1-5.

［47］王社坤．农村环境：被法律遗忘的角落？［J］．世界环境，2008（1）：55-57.

［48］韦钟华．生态补偿制度研究［J］．今日南国：理论创新版，2009（1）：147-149.

［49］邬晓燕．德国生态环境治理的经验与启示［J］．当代世界与社会主义，2014（4）：92-96.

［50］夏超，莫光财．社区治理视阈下的市民空间供给［J］．中共乐山市委党校学报，2007，9（4）：64-65.

［51］肖薇薇，张忠潮，赵洁．论我国农民环境知情权的保障［J］．价格月刊，2008（9）：45-46.

［52］徐勇．村民自治的深化：权利保障与社区重建——新世纪以来中国村民自治发展的走向［J］．学习与探索，2005（4）：61-67.

［53］徐宗玲．合作式环境管理模式的架构［D］．青岛：山东科技大学，2007.

［54］杨解君，王松庆．论行政违法的本质与特性［J］．南京大学学报：哲学·人文科学·社会科学，1997，34（3）：188-192.

［55］杨福泉．丽江纳西族的社区资源管理传统［J］．思想战线，2000，26（3）：45-49.

［56］俞淑芳．我国农民环境知情权法律保护研究［D］．长沙：湖南

师范大学，2010.

［57］郁晓晖，张海波．失地农民的社会认同与社会建构［J］．中国
农村观察，2006（1）：46-56.

［58］张晓敏．科学发展观视野下的我国农村环境保护立法思考［J］．
河南师范大学学报：哲学社会科学版，2008，35（6）：164-
166.

［59］张鑫．奥斯特罗姆自主治理理论的评述［J］．改革与战略，
2008，24（10）：212-215.

［60］赵美珍，邓禾．立体化环境监管模式的创建与运行［J］．重庆
大学学报：社会科学版，2010，16（1）：134-139.

［61］赵勤．我国环境管理模式的总体评价及前瞻［J］．中国环境管
理（吉林），1998（5）：24-26.

［62］郑传贵，卢晓慧．社会资本与社区治理：兼论以自然村为新农
村建设基本单位的合理性［J］．求实，2007（10）：80-83.

［63］周纪昌．构建农业环境污染突发事件中农民维权的法律支持体
系：以淮河流域水污染突发事件的调查为例［J］．农业环境与
发展，2008，25（1）：79-84.

［64］周少青．论城市社区治理法律框架的法域定位［J］．法学家，
2008（5）：26-33.

［65］周作翰，张英洪．当代中国农民的环境权［J］．湖南师范大学
社会科学学报，2007，36（3）：5-11.

［66］朱晓红，罗婷婷．浅论政府对非营利组织的引导与规范［J］．
学理论，2009（30）：33-35.

三、外文类

［1］BIAN Y J. Guanxi and the allocation of urban jobs in China ［J］. The
China Quarterly，1994（140）：971-999.

［2］ BIAN Y, BREIGER R, GALASKIEWICZ J, et al. Occupation, class, and social networks in urban China ［J］. Social Forces, 2005, 83（4）: 1443-1468.

［3］ COASE R H.The Problem of Social Cost ［J］.Journal of Law & Economics, 2013, 56（4）: 837-877.

［4］ COLEMAN D A. Ecopolitics: building a green society ［M］. New Brunswick, NJ: Rutgers University Press, 1994.

［5］ COTTERRELL R. The sociological concept of law ［J］. Journal of Law and Society, 1983, 10（2）: 241.

［6］ FULLER L L. The morality of law ［M］. Rev. ed. New Haven: Yale University Press, 1969.

［7］ HARDIN G. The tragedy of the commons ［J］. Science, 1968, 162（3859）: 1243-1248.

［8］ KANAZAWA S. A new solution to the collective action problem: The paradox of voter turnout ［J］. American Sociological Review, 2000, 65（3）: 433.

［9］ KARP D G. Values and their effect on pro-environmental behavior ［J］. Environment and Behavior, 1996, 28（1）: 111-133.

［10］ LOBEL O. The renew deal: The fall of regulation and the rise of governance in contemporary legal thought ［J］.Minnesota Law Review, 2004, 89（2）: 342-470.

［11］ PORTES A. Social capital: Its origins and applications in modern sociology ［J］. Annual Review of Sociology, 1998（24）: 1-24.

［12］ PRETTY J. Social capital and the collective management of resources ［J］.Science, 2003, 302（5652）: 1912-1914.

［13］ UPHOFF N T, Esman M J, Krishna A. Reasons for success: learning from instructive experiences in rural development ［M］.

West Hartford, Conn: Kumarian Press, 1998.

［14］VAN ROOIJ B. Implementation of Chinese environmental law: Regular enforcement and political campaigns ［J］. Development and Change, 2006, 37（1）: 57–74.

［15］VON HAYEK F A. New studies in philosophy, politics, economics and the history of ideas ［M］. Chicago: University of Chicago Press, 1978.

［16］WEBER M, RHEINSTEIN M. Max Weber on law in economy and society ［M］. 2d ed. Cambridge: Harvard University Press, 1954.

［17］WEERATUNGE N. Nature, harmony, and the Kaliyugaya ［J］. Current Anthropology, 2000, 41（2）: 249–268.

［18］WONDOLLECK J M, YAFFEE S L. Making collaboration work: lessons from innovation in natural resource management ［M］. Washington, DC: Island Press, 2000.